Anton Strnadt

Beschreibung der berühmten Uhr- und Kunstwerke am Altstädter Rathause

Anton Strnadt

Beschreibung der berühmten Uhr- und Kunstwerke am Altstädter Rathause

ISBN/EAN: 9783743494923

Hergestellt in Europa, USA, Kanada, Australien, Japan

Cover: Foto ©Thomas Meinert / pixelio.de

Weitere Bücher finden Sie auf **www.hansebooks.com**

Beschreibung

der berühmten

Uhr- und Kunstwerke

am Altstädter Rathhause und auf der Königl. Sternwarte zu Prag;

herausgegeben von

Anton Strnadt,

Kaiserl. Königl. Astronom und Professor an der hohen Schule zu Prag; Mitglied der Königl. Böhmischen Gesellschaft der Wissenschaften, und der meteorologischen zu Mannheim.

Mit Kupfern.

Prag und Dresden, 1791.
In der Waltherischen Hofbuchhandlung.

Den

Hohen Anwesenden

bey der

feyerlichen Krönung

Sr. Röm. Kaiserl. Königl. Apostolischen Majestät

Leopold des Zweyten

zum Könige von Böhmen

gewidmet

von dem Verfasser.

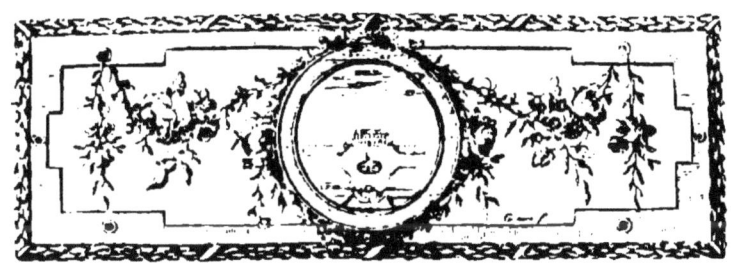

Von der
Uhr auf dem Prager Altstädter Rathhause,
nach
Balbin, Taborsky und Benjamin Sßlaper, be-
beschrieben von Anton Strnadt.

In dem 7ten Hefte der leider so wenig bekannten, aber sehr wichtigen, und überaus nützlichen Materialien zur alten und neuen Statistik von Böhmen des Herrn Ritters und Gubernialraths von Riegger, habe ich die Skizze von der Uhr auf dem Prager Altstädter Rathhause geliefert, mit dem Versprechen: daß man zwar den ersten und zweyten §. des 12ten Kap. aus dem 3ten Buche der Miszellaneen Balbins allein darum lieferte, weil die im 3ten §. enthaltene mechanische, und zugleich charakteristische Beschreibung dieses Kunstwerks nach dem Jesuiten Benjamin Sßlayer von mir einst benützet und ergänzt werden solle; und da eben dieses Uhrwerk, nach meiner Anleitung, im Jahre 1787, seiner Aussenseite nach, verbessert und hergestellt worden ist, um die meisten Wißbegierigen

zur

zur Kenntniß deſſelben zu reizen, daß ich ſolches ausführlicher und genauer beſchreiben wolle. Keine ſchicklichere Gelegenheit konnte ſich für mich nicht ereignen, jenes Verſprechen in Erfüllung zu bringen, als die Zeit der Krönung unſers allergnädigſten K. Leopold II. zum Könige von Böhmen, wobey man ohnehin vorausſehen mußte, daß die Feyerlichkeit dieſer Handlung ſowohl, als hauptſächlich die ihm angebohrne Milde, eine große Menge Aus- und Inländer in unſere Hauptſtadt Prag ziehen würde; folglich es allen Hohen Anweſenden ein Vergnügen ſeyn müſſe, wenn man unter andern öffentlichen koſtbaren und ſeltneren Werken, dieſes in der That, ſeinem Alter ſowohl als Kunſt nach, wahre aſtronomiſche Werk, ihnen in einem Entwurfe, und in einer zergliederten Beſchreibung darzuſtellen ſich bemühte. Ich that ſolches, blieb meiner entworfenen Skizze treu, und ergänzte ſie nach des Balbins und Taborsky ihren Aufſätzen. Die Kenner und Beſchreiber dieſes Werks ſollen meiſtens mit ihren eigenen Worten ſprechen. Die ganz einfache Geſchichte dieſes Automs ſetze ich voraus, nach der Geſchichte deſſelben beſchreibe ich alles dasjenige, was ſolches enthält, und dem Zuſchauer zu ſehen darbietet; zum Schluſſe gebe ich die Idee, durch was für Räderwerk alle dieſe Erſcheinungen erfolgen. Zuerſt iſt es nothwendig zu wiſſen, wem man die Erhaltung dieſes kunſtvollen Werkes zu verdanken habe; ich berührte ſolches in dem 7ten Hefte der Statiſtik (Seite 187.) da ich ſagte: daß es im Jahre 1787 bald um dies Kleinod Böhmens geſchehen geweſen wäre, weil bey der neuern Herſtellung des Rathhauſes, als man zu dieſer Uhr kam, und die Commißion darüber berathſchlagte, der Antrag geſchehen, daß man die vorhandenen Räder als altes verroſtetes Eiſen verkaufen ſollte. Niemand war darüber verlegner, als der damalige Herr Vicebürgermeiſter Fiſcher, der ſich dieſem Antrage allein widerſetzte, und einwendete: daß man doch jeman-

jemanden befragen follte, ob alles von diefem vorhandenen Uhrwerk fo zu
Grund gerichtet fey, daß man gezwungen wäre, die Platten-Löcher der
Uhr zuzumachen, und das ein paar Jahrhunderte lang bewunderte Autom
völlig zu zerftören, um ein paar Schock Grofchen (die nicht zu Bezahlung
der Ziegel zureichten) zu gewinnen. Herr Fifcher war es, der durch mich,
mit Zuziehung des Uhrmachers, das vorhandene Räderwerk unterfuchen
ließ, und unferm abgeftatteten Bericht zufolge den Vortrag beym Senate
machte, daß der bürgerliche Prager Uhrmacher Landesperger fich verpflich-
tete, aus dem alten Gerippe eine neue Kreatur zu fchaffen, wie er folches
wirklich nun zu Ende bringt; diefes fey zum Dank des ächten Patriotismus
gefchrieben, und zur Warnung: daß man nie nach dem erften Anblicke einer Sache das Urtheil voreilig fälle, unüberlegt ökonomifire, und Denk-
würdigkeiten eines ganzen Landes, aus Uebereilung und unbedeutender Er-
fparung, oder aus einem Vorurtheil fogar, zernichte.

Johann Taborsky, von Ahornberg bey Tabor, hinterließ uns in einem vortrefflichen Manufcripte, fo er dem damaligen Magiftrate zueigne-
te, eine pünktliche Befchreibung des fehenswürdigen Automs, auf dem
Altftädter Rathhaufe, mit folgenden Ausdrücken:*)

A 2   Das

*) Daß diefes Manufcript eines der fchönften Böhmifchen Handfchriften aus dem
fechzehnten Jahrhunderte fey, und allerdings nach feinem ganzen Umfange ge-
druckt zu werden verdiene, weil es der reinen und körnichten Sprache wegen für
den Böhmifchen Philologen und Liebhaber, fo wie feines Inhaltes wegen, für
den Künftler ein gewiß interreffantes Werk ift, bezeugen alle hiefige Kenner der
Alterthumskunde. Es beftehet aus vierzehn pergamenen befchriebenen Blät-
tern, in groß Quart; die erfte Seite enthält eine Vorrede, die aus fünf Böhmifchen faphifchen Strophen beftehet, aus denen zu erfehen ift, daß das Buch im
Jahre

4

Das Prager Autom ist nicht eines von den gemeinen Uhrwerken, mit welchen eine und die andere Stadt, hier und dort, als mit einem sonderbaren Kleinod pranget. Es ist ein wahres Kunstwerk, das einem jeden Gelehrten, hauptsächlich aber dem Sternkundigen, sehr willkommen und überaus

Jahre 1570 gemdigt worden. Auf der andern Seite eben dieses Blattes kömmt das Portrait des Johann Taborsky, eines siebenzigjährigen Greises, im grünen Felde mit rothen Federzügen vor; die übrigen zehn Blätter enthalten die Beschreibung dieses Uhrwerkes. Diese sind auch nach der Reihe im Balbin vorhanden, und zwar zeigt er im ersten Kapitel die Vortreflichkeit dieses Kunstwerkes an, wie ich es aus ihm herauszog. Im zweyten Kapitel, in welchen Künsten und Wissenschaften derjenige müsse geübt seyn, der sich an diese Maschine wagt, um sie geschickt zu behandeln, und nicht zu verderben. Im 3ten Kapitel beschreibt er die vier Haupttheile dieses Uhrwerkes, deren jeder seine eigene Gewichte, Räder und Einrichtung hatte. Im 4ten Kapitel handelt er von dem Minutenwerke, wie es auch in der Osleyerschen Beschreibung vorkömmt. Im 5ten Kapitel kömmt das allen Uhren gemeine Werk vor, nämlich das Zifferblatt und die Schellen; Taborsky behauptet darinnen: daß dieser Theil schon vor dem Magister Hanusch gewesen sey, der aber mit jenen dreyen, die er dazu verfertiget, in keinen Vergleich kömmt. Im 6ten Kapitel handelt er von dem vierten und künstlichen Theile; dieser bestehet aus einem Rade, das sich nur binnen einem Jahre ganz herum drehet; es hat 365 Zähne, so viel als Tage im gemeinen Jahre sind, davon täglich einer ausgehoben, und im Schaltjahre um 1 zurückgehalten wird. Im 7ten Kapitel kehrt Taborsky wieder zum Minutenwerk zurück, und führt alle Räder, die Sonn und Mondzeiger, auch die Regeln oder Linien des Neu- und Vollmondes, oder der Satzpunkte an. Im 8ten Kapitel wird von den drey Rädern des Thierkreises, der Sonne und des Mondes, in sowelt sie auf einander einen Bezug haben, gehandelt. Das 9te Kapitel handelt insbesondere von der Wirkung des Sonnenrades, und das 10te Kapitel von dem Hauptrade, und warum sich dieses nicht, wie in andern Uhren, jede Stunde, sondern binnen vier und zwanzig Stunden nur funfzehnmal herum drehet, und abermals in den nämlichen Punkt eintreffe. Das 11te Kapitel enthält

aus schätzbar seyn muß; dem Ungelehrten, hauptsächlich aber demjenigen, welcher von der sphärischen Wissenschaft keinen Begriff hat, blieb es uner= forschlich, weil solche Menschen, ausser dem Stundenzeiger, gar nichts da= von begreifen können. Es ist nicht hinlänglich, nur zu wissen, daß die Stunde an die Glocke schlage, wenn man die Gewichte aufgezogen hat; sondern das nothwendigste ist, daß diese Stunden nach den Gesetzen des Automs ohne die mindeste Verwirrung schlagen, und im Verhältnisse sei=

A 3   ner

enthält den Thierkreis; das zwölfte den Mondzirkel, und das 13te zeigt die Feh= ler an, die bey der Richtung dieser Maschine vorkommen, und wie sie vermie= den werden können; das 14te die Uebereinstimmung des Kalenders mit den Stunden. Im 15ten entdeckt er ein Geheimniß, ohne welches das Uhrwerk nie gehörig künnte gerichtet werden. Im 16ten Kapitel zeigt Taborsky an, daß er zu Ferdinands I. Zeiten die sogenannte teutsche Uhr von 12 Stunden, die vormals in Böhmen ganz unbekannt war, verfertiget habe, und erklärt zu= gleich, auf welche Art und Weise der nämliche Zeiger, der durch eine Hand vorgestellt wird, die die Stunden des ganzen natürlichen Tages anzeigt, zugleich jene, die man die teutschen nennt, bezeichne. Im 17ten Kapitel beweißt er, daß die Veränderung der Luft, die Witterung und andere Ursachen zugleich in dem Uhrwerke selbst eine Aenderung verursachen, und was man alsdann zu thun habe. Das 18te Kapitel enthält eine kurze Wiederholung aller vorhergehenden Kapitel; wie ich es ohnehin selbst im Auszuge lieferte. Auf der 23sten Seite dieser pergamenen Handschrift ist das Wappen des Taborsky abgezeichnet; die Figur desselben ist eyförmig, das Feld in vier Schildchen getheilt, deren zwey über die Quere schwarz, und zwey weiß sind; in der Mitte ist ein rothes Kreuz mit einer goldenen Krone; im untern schwarzen Schildchen sitzt eine weiße Tur= teltaube, im weißen eine schwarze gekrümmte Schlange. Ueber dem Wappen ist ein zugeschlossener Helm, über dem wieder eine Turteltaube sitzt; um den Rand herum sind weiß und rothe Zierrathen; die Inschrift ist: Jan Taborsky z Klokotske Hory, welches sowohl das Prädikat als den Ort, wo Taborsky ist geboren worden, andeuten kann, denn Klokotska Hora (Ahornberg) liegt im Taborer Kreiße.

ner Struktur dieselben zeige, und mit dem Himmel übereinstimme. Dieses Kunstwerk (schrieb Taborsky) verdiente allerdings, daß man solches in allen Ländern mit der größten Lobeserhebung bekannt machte, wozu aber es ihm an hinlänglichen Fähigkeiten zu fehlen, er offenherzig gesteht. Er versichert den Leser, daß von allen den erdenklichsten Lobsprüchen keiner unnütz verschwendet werde, wenn man mit allen Eigenschaften dieses Kunstwerkes bekannter seyn würde; er sagt ferner, daß dasjenige Autom, welches dem damaligen Erzherzog Ferdinand ist verehrt worden, ein zwar sehenswürdiges und sehr sinnreich zusammengesezztes Kunstwerk gewesen sey; nichts destoweniger aber, wenn solches mit dem Altstädter Uhrwerke verglichen würde, verlöhre es an seinem Werthe deswegen, weil das Hanuschische noch viel mehr zeige, und dennoch bey allen dem viel einfacher als das Erzherzogliche sey. Taborsky verpflichtet sich endlich, daß er von seiner vorgefaßten Meynung gänzlich abzustehen bereit wäre, wenn ihm jemand ein anderes ähnliches Kunststück aufzuweisen im Stande wäre, welches dem Prager gleich käme, oder dasselbe wohl gar überträfe; er nimmt aber zugleich aus, daß man ihm keine Marionetten-Spielwerke aufführen solle, sie mögen noch so kostbar, und dem gemeinen Volke noch so wunderbar vorgekommen seyn; sondern man solle ein solches anführen, welches in Ansehung seiner astronomischen Erfindung und Zurichtung so berühmt wäre, wie dieses Prager Uhrwerk ist, und mit der Natur selbst übereinstimme.

Wo, und in welcher Stadt findet man das? schreibt Balbin, als er fast mit den nämlichen Worten, die Eigenschaften dieses Kunstwerks erzählte; Balbin gesteht aber, was Taborsky nur berührt hat, und schien über das Ganze weg zu seyn; ich gestehe es, sagt er, es giebt auch hier einige Spielwerke. Rechts (wie es dem Zuschauer vorkömmt) steht der Tod, und

und lautet, eher als die Uhr schlägt, ein Glöckchen, in der linken Hand hält er eine Sanduhr, die er nach jeder Stunde umkehret; dem Tode gegen über steht ein zitternder Greis, der von jenem zwar erinnert wird, aber mit Kopfschütteln zu erkennen giebt, daß es ihm noch zu frühe sey, der Natur den allgemeinen Zoll zu entrichten. Doch das sind nur Verzierungen, die zum Werke selbst nichts beytragen, und der in der Astronomie so bewanderte Autor hätte, obschon in ganz anderm Verstande, sich des Ausdrucks des Terenz bedienen können: nihil isthac opus est arte ad hanc rem, quam paro. Daher glaubte ich, daß diese Erinnerung Balbins, zu der vorhergehenden Aeußerung des Taborsky, hier am rechten Orte stehen wird, damit man mir nicht vorwerfe, als wenn ich gefließentlich diesen Tod und den Greis übergehen wollte. Was man sonst noch für Spielwerke dabey hat anbringen wollen, wider diese habe ich mich bey denen, die es angeht, freymüthig geäußert, damit nichts, das Uhrwerk herabsetzende, angebracht würde, folglich auch mir in keiner Rücksicht etwas zugeschrieben werden könnte, als wenn ich es gut geheißen hätte. Aber nun weiter zur Taborskyschen Beschreibung. So auffallend war es oft dem Taborsky, da er dieses Werk durchforschte, daß er kein Bedenken getragen hat, dieses ein himmlisches Werk zu nennen, weil solches mit dem Himmelslauf so übereinstimmend beschaffen wäre, daß, wie die Sonne ihrer scheinbaren, oder auch eigenen Bewegung gemäß, an dem sogenannten Himmel ihren Weg, entweder vom Aufgang zum Niedergange, oder an ihrer Sonnenbahn von Abend gegen Morgen fortsetzet, in welchem Zeichen und Zeichensgrade sie sich alltäglich befindet, zu welcher Stunde sie auf oder niedergehet, wenn sie in den obern oder untern Mittagskreis, auch in welcher Höhe sie über dem Horizont erscheinet, wie und wenn sie sich von unserm Scheitelpunkte entfernet, oder demselben sich nähert: daß eben der Sonnenzeiger alles solches

punkt

pünktlich an dem Autom vollziehe. Auf eben solche Art verrichtet die Mondskugel ihren Lauf, daß man ihn Neu und Voll, im ersten und lezten Viertel sehen müsse; folglich daß er alle die an dem Mondeskörper sich ereignenden Erscheinungen genau nachahme, und alle seine zu- oder abnehmende Phases vollkommen anzeige, auch sich in seinem Laufe um die Erde, eben so an dem Autome, wie an dem Himmel, in dem Thierkreise und in dem ihm zukommenden Zeichengrade täglich einfinde, sich in seiner gehörigen Höhe in der sichtbaren sowohl, als unsichtbaren Halbkugel zugleich einstelle; wie weit er von der Sonne, von dem Tage seines neuen Lichtes sich entfernet, oder wie er sich ihr nach seinem vollem Lichte nähert; ferner, weil das Autom den Auf- und Niedergang der Zeichen des Thierkreises, ihren Stand über oder unter dem Horizont, wie auch die ungleichen Planeten-Stunden zu jeder Zeit ausweiset. Sollte ich denn gefehlt haben? schloß Taborsky, wenn ich dieses Uhrwerk ein himmlisches Werk genannt habe?

Nach diesem Vorhergehenden wollte Taborsky den Hauptbegriff von der obern Sphäre uns beybringen; die untere schildert er, wie ich sie bey der äußern Fronte des Automs, und dem hier beygesezten Entwurfe weiter unten beschreiben werde. — Wie sich Balbin über dieses Kunstwerk ausdrücket, kann man aus seinen Milcellaneis ersehen, wo er schreibt: „Unter die öffentlichen, kostbaren und seltenern Werke, welche verschiedene Scribenten von Prag anrühmen, gehört vorzüglich die Uhr auf dem Altstädter Rathhause, und dient der Stadt zur besondern Zierde. Dieses künstliche Werk kann von mir wenigstens nicht so, wie es dessen Werth und Seltenheit erfordert, beschrieben werden. Gerard Merkator (in Atlante), Typozius (in Descriptione Pragæ), Chyträus (in Itinerario Europæ), Blaeu (in Atlante Bohemiæ), und alle, die nur immer von Prag schreiben, erwähnen dieser Uhr; Typozius sagt mit Wenigem vieles: in Prag

ist

ist ein Autom, ein eben so altes als sinnreiches Werk, zu sehen, welches die natürliche Bewegung des Mondes und der Himmelszeichen im Thier# kreise vorstellt, und in seiner Art nicht leicht einem andern nachstehet. Unser Fournier (in Notitia urbis, Lib. 4. Cap. 6.) sagt: Die Uhr in Prag fin# det kaum ihres gleichen in der Welt. Viel gesagt! doch wenn es zur Un# tersuchung kömmt, so wette ich, daß alle, die daran zweifeln, sich werden überzeugt finden. Man sieht da keine gekünstelte Tändeleyen und Kinder# spiele, hier tanzt nicht der Tod und alte Weiber, hier treten nicht kleine Geniusse mit Geigen, Trompetchen und Trommeln auf, auch kommen hier auf vorgeschobenen Täfelchen keine Püppchen und andere Figürchen herge# hüpft, die nur Kinder bewundern, und die Bauern, wenn sie Holz und Heu zu Markte führen, anstaunen; hier findet der Philosoph und der Ma# thematiker reichlichen Stoff für seinen forschenden Geist, und nicht etwa nur die Tages# und Nachtstunden, sondern den Tag, den Monat, das Jahr, den Aufgang der Sonne und des Mondes, die goldne Zahl, die Sonn# und Mondzirkel, und was noch mehr ist, die vornehmsten Festtage durchs gan# ze Jahr angezeigt. Ist es also zu verwundern, wenn die größten Künstler, so wie ich es selbst mehr als einmal gehört, und der oben angeführte Jakob Typozius anmerket, ausdrücklich behaupten: daß in der ganzen Kaiserli# chen Monarchie, oder wohl gar, nach dem angeführten Zeugniß des Four# nier, in der ganzen Welt kein so künstliches Uhrwerk zu finden sey. Ich wünschte, daß dasjenige, was ich schon angeführt habe, nicht obenhin und nur spielend, sondern so wie es Wahrheitsforschern zukömmt, gelesen werde. Ich wiederhole es nochmals: man findet hier alle größere Festtage des Ka# lenders, die goldene Zahl, die Schaltjahre, die böhmischen und deutschen Stunden, die nicht auf einmal, sondern jede zu gehöriger Zeit schlagen, die Sonn# und Mondkugel (im Feuer vergoldet), so wie sie am Firmament auf#

B

und

und absteiget, welche leztere zugleich alle vier Viertel anzeiget, dann die Finsterniſſe, endlich den Lauf aller Planeten und das Bild des gan͛zen Firmaments. Bis hieher gilt der Ausdruck des Balbins, obſchon das leztere übertrieben von ihm geſchrieben worden, weil dieſes Uhrwerk nie die Finsterniſſe oder den Lauf der Planeten angezeigt hat. Aber ich kehre wieder zur Taborskyſchen Beſchreibung zurück:

Nachdem Taborsky alle die Geheimniſſe dieſes Uhrwerks zergliedert hat, fand er noch für gut, folgendes zu erinnern: er habe gar keine Hand͛ſchrift irgendswo finden, noch erfragen können, daß in einer einzigen Kanz͛ley, oder in einem Archive des Altſtädter Rathhauſes, auch nur in einer kleinen Gedächtnißſchrift, verzeichnet geweſen wäre, von wem, und zu wel͛cher Zeit dieſes Autom wäre verfertiget worden; er wolle daher die Nach͛richt, welche er von ſeinen Zeitgenoſſen eingeholet hätte, mitzutheilen nicht unterlaſſen, daß die erſte, zwepte und vierte Abtheilung mit ihren zugehö͛rigen Planiſphären, ein gewiſſer Magiſter Hanuſch um das Jahr 1490 verfertiget, und bis zu ſeinem Tode die Oberaufſicht und Zurichtung be͛ſorgt hätte.

Balbin macht über dieſe hinterlaſſene Nachricht folgende Gloſſe: Ich kann mich nicht enthalten, hier meinen Verdruß über unſere Vorfahren zu äußern, die ſo wenig beſorgt waren, ihre berühmten Künſtler und Gelehrten auf die Nachwelt zu bringen; denn was ließt man wohl in den alten böh͛miſchen Geſchichten öfterer? als: das, oder jenes Werk verfertigte Meiſter Wenzel, oder Meiſter Jakob; Beneſch (Benedikt) erbauete den königlichen Pallaſt; M. Rezek die Kuttenberger Barbarakirche u. ſ. w. Wem wird es wohl nützen, alle dieſe Männer nur dem Namen nach zu kennen, ohne zu wiſſen, woher, und was ſie eigentlich waren? Eben ſo verhält es ſich bey dieſem Kunſtſtücke, welches alle alte Denkmäler dem Magiſter Hanuſch

zuſchrei͛

zuſchreiben, der es um das Jahr 1490 mit ſeinem Schüler Jakob verfertigt
hat. Das einzige hätte Balbin in einer alten Handſchrift angemerkt gefun=
den: daß der Magiſter Hanuſch ein berühmter Aſtronom geweſen, und an
der Prager Univerſität, als der vornehmſte Mathematiker, auch die Mathe=
matik gelehret habe, welches dieſer uralten hohen Schule zur beſondern Eh=
re gereicht, die einen ſolchen Mann gebildet, der ein ſo koſtbares Werk
hinterlaſſen hat; aber auch hier ſcheint Balbin mit Recht beſchuldiget
zu werden, daß er bey dieſer Stelle nicht wenigſtens beygeſezt hat, wo,
und bey wem er dieſes geſchriebene Denkmal geſehen habe, damit man in
Stand geſezt worden wäre, etwas zuverläßigeres vom M. Hanuſch aus=
findig zu machen; denn daß Hanuſch ein Böhme geweſen, zeigt ſchon ſein
Name an, weil Johann böhmiſch Hanuſch heißt; da er aber in dem Ver=
zeichniſſe der Magiſter an der Prager Univerſität vom Jahre 1430 bis 1490
nicht vorkömmt, und Balbin ſelbſt in ſeiner Bohemia docta nur den
Georgium Hanuſch, einen Landskroner, anführt, und von dieſem M.
Hanuſch gar keine Meldung macht, ſo könnte man vielleicht vermuthen, daß
etwa das Wort Magiſter nur ſo viel als einen Künſtler oder Uhrmacher be=
deute, oder auch, daß er auf einer andern Univerſität die Magiſterwürde
erhalten, oder ſich eher Johann, und dann erſt ſpäter Hanuſch genannt
hätte. Das, was man in dem Commentario der Bohemiæ doctæ, bey
Georg Hanuſch, faſt ohne alle Zweifel ſchreibt: *) (alius tamen ab eo
eſt *Hanuſs*, qui vixit ſub finem ſæculi XV. profeſſor Mathematum in
Univerſitate Pragenſi, & conſtructor illius admirabilis & portentoſi
horologii, cujus rudera defacto in curia vetero-pragenſi ſpectantur,)
das wird ſich wohl auf keinen andern Grund, als auf die oben angeführte
Stelle in Balbins Miſcellaneis beziehen können; über das, was Blas

B 2   Giczins=

*) Vide Bohem. docta Cl. Viri & Bibliothecarii Cæf. Regii D. Ungar; it. P. Candidi.

Giczinsky in dem netten hiſtoriſchen Liede über die Prager Städte davon angeführt hat, kann ich nur ſo viel ſagen: daß ſolches eine allgemeine Idee davon enthält, und ſich auf Taborsky bezieht.

Mit dieſem glaube ich indeſſen ein Genüge geleiſtet zu haben, und vom fernern Ausſpruch: wer und was Hanuſch war? frey zu ſeyn; ſoviel darf man aber ſicher behaupten: daß, nach den Stücken, welche dieſes Au- tom nach den himmliſchen Erſcheinungen darſtellt, zu urtheilen, Hanuſch ein vortreflicher Künſtler und bewährter Sternkundiger geweſen ſey. Es müſſen daher auch diejenigen, (ſo fordert es Taborsky, und ſo ſchrieb auch dieſem Balbin nach,) welche dieſes Uhrwerk beſorgen und richten, ſolche Männer ſeyn, die dieſe Maſchine ganz verſtehen, in der Mathematik und hauptſächlich in der Aſtronomie wohl bewandert ſeyn, um dieſem Amte mit Ehre und Nutzen vorſtehen zu können. So war M. Hanuſch, als Schö- pfer und Direktor dieſes Kunſtwerkes, unter dem König Wladislav; ihm folgte nach ſeinem Tode ſein Schüler Jakob, den Taborsky noch ſelbſt kannte, weil der Stadtrath keinen geſchicktern hatte finden können, als jenen, der dieſes Uhrwerk mit ſeinem Lehrer verfertigte, und den ganzen Mechanis- mus kannte. Dieſer M. Jakob beſorgte dieſes Werk mit der größten Auf- merkſamkeit bis auf Ferdinand den Erſten; nach ſeinem Tode hinterließ M. Jakob keinen, der ſo was, beſonders aber den Gang und Lauf der Plani- ſphären verſtanden hätte, und überdies trat in Böhmen die betrübte Zeit ein, da Unwiſſenheit und Barbarey, ſelbſt im Rathe, den Sitz einnahm, und wo man es ſich für eine Schande rechnete, ein Gelehrter zu ſeyn. Man übergab alſo dieſes Kunſtwerk ungeſchickten Händen, und der Aufſicht eines Prager Bürgers, mit Namen Wenzel Zwuonek, (einem Vetter des Georg Zwuonek, welcher als zweyter Hospes im untern Zimmer des Rathhauſes angeſtellt war,) der, obſchon er nie eine Schule betrat, es blos erhielt,

erhielt, weil die Bürger ihm wohl gewollt. (Als wenn Gunst und Wohl,
wollen zugleich Geschicklichkeit und Gelehrsamkeit verschaffen könnte!)
Was für ein unbeschreiblicher Schaden daraus entstanden, erzählt
Taborsky, da er ausdrücklich und geflissentlich von seiner Anstellung bey die,
sem Prager Kunstwerk sich so ausdrückt: Wenzel Zwuonek hätte zwar
die Aufsicht über die Uhr viele Jahre gehabt, hätte aber sorgfältig jede Ein,
sicht und Unterricht zur Erhaltung des Kunstwerkes vermieden; sobald nun
im Jahr 1552. J. Taborsky zur Wiederherstellung dieser Maschine ge,
wählt und angestellt worden, brach Hans Zwuonek (ein Sohn Wen,
zels) im Zorn gegen Taborsky aus, und warf ihm vor: daß M. Ha,
nusch niemanden als den M. Jakob, und dieser seinen Vater Wenzel
Zwuonek, und dieser ihn als seinen Sohn in den Geheimnissen des Kunst,
werkes unterwiesen hätte; daß die Herren vom Senate die Magistros der
Universität, sammt einem Nürnberger Uhrmacher, (welcher für den besten
Künstler gehalten, und deswegen unter dem Herrn Wenzel Jarosch
nach Prag wäre geholt worden,) zu dem Autom geführt haben, um die Feh,
ler des Kunstwerkes aufzusuchen, und solches wieder herzustellen; dieser
Uhrmacher aber hätte bey der Untersuchung der Uhr ausgesagt: daß er an
dem Kunstwerke nichts fehlerhaftes fände, wodurch er auch bewieß, daß er
die Eigenschaften desselben nicht eingesehen und verstanden, und auf ihn ge,
winket hätte, der sie aufzog, als wenn er zu verstehen geben wollte, daß er
(Zwuonek) dem Kunstwerke allein gewachsen wäre, u. s. w. Hieraus schloß
Taborsky: daß auch Wenzel Zwuonek, ob er zwar ein Schüler vom
M. Jakob gewesen, und das Uhrwerk noch bey Lebzeiten des M. Jakob
zuzurichten hatte, nichts destoweniger dasselbe ebenfalls nicht verstanden;
sein Sohn Johann aber noch viel weniger, weil er sich bey der Uebernah,
me des Taborsky blos gegeben, daß er nicht einmal die Mondskugel von

B 3   der

14

der Sonnenscheibe unterschieden, und die zwölf Zeichen des Thierkreises ganz falsch und ungereimt benennet hat, u. s. w.

Hierauf bekennt Taborsky freymüthig: was für Nachdenken ihm dieses Werk verursacht habe; er schreibt die Herstellung erstens der Gnade Gottes zu: daß er dieses Kunstwerk von inn= und auswendig besehen, und in alle seine geheimsten Eigenschaften, durch die alltägliche und nächtliche Forschung seines Ganges, und Gegenhaltung gegen den Himmel studirt hätte; zweytens, daß er in seiner Jugend (im Jahre 1519) die astronomischen Vorlesungen des Magister Paul Przibram, der in der Pest 1520 starb, gehöret, nebstdem sich mit einigen, der Astronomie und Mechanik Verständigen berathschlaget, und dadurch in den Stand gesezt worden wäre, den Lauf der Planisphäre sowohl, als der Einrichtung des Werkes zu verstehen, und nach der damaligen vorgetragenen Theorie der Himmelskörper den Lauf der Sonne, des Mondes, u. s. w. einzusehen, und einzurichten. Hierauf beschreibt er weitläuftig, welche Fehler sich bey der Auseinanderseßung vorfanden, und daß ein einheimischer, gar nicht besonders berühmter Uhrmachermeister, Daniel Skrziwan, ihm die nöthige Hülfe geleistet habe. — Was er ferner für Gehülfen von den Goldarbeitern und andern Handwerkern gehabt; was nach der Zeit durch das Reiben oder durch Nachläßigkeit verdorben worden; was er abermals verbessern und herstellen, oder neu dazu verfertigen lassen mußte; wem der Stadtrath hernach die Obsorge des Aufziehens aufgetragen; daß er nach vier Jahren (im J. 1560) abermals die gänzliche Aufsicht über die Uhr über sich genommen, und seinem Schüler, Jakob Sspaczeck, zur künftigen Erhaltung unterrichtet habe: dieses alles erzählet Taborsky sehr pünktlich her, und wiederholet beym Schlusse sehr nachdrücklich: wer, und wie derjenige hinführo beschaffen seyn müsse, dem das Kunstwerk vom Senate würde anvertrauet

trauet werden; er endiget sein schönes Manuscript, mit welchem er im Jahre 1570 am Lukastag fertig geworden, mit einem böhmischen Endecasillabo, darinnen er kurz alles wiederholet, was er durch die 18 Kapitel niederschrieb, wie es ohnehin schon oben gemeldet worden.

Beschreibung der äußern Fronte des Prager Automs auf dem altstädter Rathhause, wie es auf dem Kupferstiche zu ersehen ist. *)

In dem obersten Theile ist an der Mauer die Inschrift, seit der Zeit der Erneuerung im Jahre 1629, welche der itzige Stadt-Senat nur mit der veränderten Jahreszahl bey der lezten Erneuerung ganz beybehalten hat: Anno Domini Millesimo septingentesimo octogesimo septimo, Senatus, populusque Pragensis horologium hoc renovatum æternitati (posteritati mavelim) dicat; unter dieser Inschrift ist die Tabula horarum inæqualium sive Planetarum zu sehen: d. i. eine Tafel der ungleichen oder Planeten-Stunden, welche auf folgende Art eingerichtet ist:

Horæ.	1.	2.	3.	4.	5.	6.	7.	8.	9.	10.	11.	12.	Characteres.
Dnico die	☉	♀	☿	☾	♄	♃	♂	☉	♀	☿	☾	♄	Saturnus ♄
Feria II	☾	♄	♃	♂	☉	♀	☿	☾	♄	♃	♂	☉	Jupiter ♃
Feria III	♂	☉	♀	☿	☾	♄	♃	♂	☉	♀	☿	☾	Mars ♂
Feria IV	☿	☾	♄	♃	♂	☉	♀	☿	☾	♄	♃	♂	Sol ☉
Feria V	♃	♂	☉	♀	☿	☾	♄	♃	♂	☉	♀	☿	Venus ♀
Feria VI	♀	☿	☾	♄	♃	♂	☉	♀	☿	☾	♄	♃	Mercurius ☿
Sabbato	♄	♃	♂	☉	♀	☿	☾	♄	♃	♂	☉	♀	Luna ☾

Durch diese Tafel kann man nach dem astrologischen Jahr den Regenten aller Stunden finden, und bestimmen; unter diesen Planeten-Stunden,

sonst

*) Herr Professor Kohl, an der Musterschule Prags, gab zu dieser Platte seine von ihm verfertigte Originalzeichnung her, für welche Gefälligkeit man demselben hiermit den verbindlichsten Dank abstatten wollte.

fonst jüdischen, oder auch alten Stunden, verstehet man den zwölften Theil eines natürlichen Tages, und den zwölften Theil einer dergleichen Nacht. Man theilte vor diesem jeden Tag, er mochte lang oder kurz seyn, und so auch jede Nacht, in zwölf Stunden; wenn diesemnach der Tag lang ist, so sind auch die Planeten-Stunden lang; ist der Tag kurz, so sind auch die Stunden kurz. Um nun die hier beygesezte Tafel zu verstehen, und die Planeten-Stunde eines jeden Wochentages zu finden, sieht man, daß durch die zwölf Zahlen von 1 bis 12 in der obern Reihe die zwölf Planeten-Stunden angezeigt werden, welche auch die krummen vergoldeten Zirkelbogen auf dem Zifferblatte vorstellen. Die darunter stehenden sieben kleinen Fächer unter den Stunden zeigen die Wochentage, vom Sonntag bis Sonnabend, und die hier in der Tafel beygesezten Namen zur Rechten, unter dem Worte Characteres, die Planeten, damit ein jeder ihre Zeichen kennen lerne, und hernach, wenn er solche in der Tafel findet, gleich mit Namen zu nennen wisse, wie der gefundene Planet heiße, der in derselben Stunde regieret. Diese Tafel enthält aber nur die Tagesstunden, weil in der Uhrplatte ebenfalls nur die Tagesstunden der Planeten aufgetragen sind; man hat zwar an der Uhrplatte keinen besondern Planeten-Stundenzeiger angebracht, der solche besonders weise, wie die böhmischen und deutschen Stunden angezeigt werden; sondern man kann die Planetenstunde mittelst des Sonnenzeigers, da solcher mit seinem Mittelpunkte an einen solchen krummen Zirkelbogen zu stehen kömmt, abnehmen, und solche in der oben angeführten Tafel suchen. Z. B. man wollte den Regenten der 8ten Stunde am Donnerstage finden, da der Sonnenzeiger den Zirkelbogen 8 bedeckt, und ohngefähr 40' auf drey Uhr Nachmittag weiset; so nehme man in der ersten Reihe die Zahl 8, und in der Reihe Feria V, darunter findet sich in dem Fächelchen das korrespondirende Planetenzeichen ♃; d. i. Jupiter u. s. w. Die

C   sonst

sonst übliche Methode, die Planetenstunden in die nun gewöhnlichen Stunden zu verwandeln, ist diese: weiß man aus dem Kalender die Tageslänge, so theile man solche in 12 gleiche Theile, um die Größe oder Dauer einer Planetenstunde zu erhalten, diese gefundene Dauer wird mit der Zahl der Planetenstunde multiplizirt, das Produkt wird zu der Aufgangsstunde der Sonne desselben Tages addirt, und die Summe giebt die gesuchte Civilstunde.

Unter dieser Planetenstundentafel ist auf einem Gesimse eine Halbfigur, (die den Künstler vorstellen soll,) in einer Hand hält sie einen Maaßstab, mit dem sie auf das Planisphär, wo das Zifferblatt der Uhr ist, zeiget, welche den zweyten Absatz der Hauptfronte ausmacht. Auf dieser wichtigsten Platte des Automs kommen folgende Stücke vor: Erstens ist an dem Raude der Grundplatte der bewegliche Zifferring mit vergoldeten grossen Ziffern von I bis XXIV, an welchem die böhmischen Stunden gezeigt werden; die böhmische Uhr schlug sonsten allemal 24, wenn die Sonne untergegangen; nun aber zeiget nur solche der Sonnenzeiger an; obschon ein neues Schlagwerk ebenfalls angebracht ist, um nur zu der Zeit die Stunden schlagen zu lassen, wenn man solches für nothwendig findet. Da nun zu Anfange des Winters (den 21. Christmonats) die Sonne in Prag um 3 Uhr 55' untergehet, so muß auch die Zahl 24 des beweglichen Ringes gleich neben IV der gemeinen Uhr stehen; am Tage der Tag- und Nachtgleiche (den 20. März und 22. oder 23. September) kömmt diese Zahl 24 des beweglichen Ringes mit der deutschen Stunde VI überein; und an dem Tage der Sommer-Sonnenwende, den 21. Junii, da der allerlängste Tag bey uns ist, stehet solche bey der VIII Nachmittagsstunde.

Der deutsche Zifferring, welcher in zweymal 12 Stunden getheilt ist, den man sonst gewöhnlich den halben Schlag genannt hat, ist an der Grundplatte

platte gleich bey dem beweglichen Stundenring zu sehen, dabey die Worte zu lesen sind: numerus medii horologii.

Man sieht ferner an dieser Platte drey concentrische Kreiße; der erste, der dem beweglichen Zifferringe der allernächste, ist der Wendekreis des Krebses mit den Worten: Circulus Cancri, welcher den deutschen Ziffer-ring zugleich mit vorstellet, und welchen die Sonne am Tage der Sommer-Sonnenwende (den 21. Brachmonats) durchlauft, und den die Sonnenschei-be, oder der Sonnenzeiger des Automs an diesem Tage auch erreichet; der andere ist der Aequator, (Circulus Aequinoctii) den die Sonne, folglich auch hier der Sonnenzeiger an den Tagen der Frühlings- und Herbst-Tag- und Nachtgleiche zurück leget.

Der dritte endlich ist der Wendekreis des Steinbocks (Circulus Capri-corni) den die Sonne am 21. Christmonats, beym Anfange des Winters, und unserm allerkürzesten Tage von 7 Stunden 50' beschreibt; gleich bey diesem Kreiße des Steinbocks ist der Erdglobus mit seinen gehörigen Kreis-sen entworfen, an dessen Umkreiße die Zirkelbogen sowohl, welche die ober-wähnten Planetenstunden anzeigen, als auch die punktirten Linien, welche auf die deutschen Stunden hinlaufen, zu sehen sind.

Man nimmt ferner auch wahr, daß die Grundplatte an der Farbe dreymal abwechselt; und zwar der sehr dunkle, oder schwarze Theil, welcher sich Rechts und Links bey den römischen Zahlen IX und III endigt, zeigt die Nacht; der etwas hellere soll zur Bestimmung der Morgen- und Abend-dämmerung dienen, darum stehen auch die Worte geschrieben: Crepuscu-lum einerseits, und Aurora andererseits; der ganz helle obere halbe Theil aber bedeutet den Tag, oder die Tagwährung. Endlich kömmt der Zodia-cus, oder der Thierkreis, auf dem Autom dieser Grundplatte, mit dem Son-nen- und Mondszeiger vor. Dieser Kreis ist beweglich, und ziemlich breit,

C 2 worinn

worinn die zwölf Himmelszeichen, deren jedes 30 Grade enthält, und an dem Ringe selbst weiß und roth abwechselnd, von 5 zu 5 Graden abgetheilet sind. Diese 12 Himmelszeichen sind rückgängig, vom Abend gegen Morgen abgebildet, und zwar darum, weil die Sonne sowohl, als der Mond, sich, ihrer eigenen Bewegung gemäß, vom Abend gegen Morgen bewegen; übrigens macht dieser Thierkreisring im Autom, von Morgen gegen Abend die gemeine, oder scheinbare vier und zwanzigstündige Bewegung täglich fort, mit welcher denn auch der Sonnen- und Mondeszeiger fortgebracht werden. Die eigene mittlere Bewegung der Sonne und des Mondes auf diesem Thierkreise, werden von Abend gegen Morgen alltäglich verrichtet, und zwar so: daß der Sonnenzeiger ungefähr in 30 und ½ Tag, oder einem Monat von einer Linie bis zu der andern kömmt, und ein ganzes Jahr zu dessen Umlaufe braucht, bis sie wieder zu dem nämlichen Grade zurück kehrt.

Die Bewegung des Mondes hingegen braucht, um ein Zeichen des Thierkreißes hier zurück zu legen, nicht mehr als 2 Tage 6 Stunden und 38'; folglich zu dem ganzen periodischen Umlaufe des Thierkreißes 27 Tage 7 St. 43'. Bis der Mond aber die Sonne wieder einholet, oder bis er seinen Synodischen Umlauf vollendet, und die Sonnen- und Mondsregeln auf dem Thierkreise genau über einander treffen, verlaufen 29 Tage 12 St. 44'. Weil nun der Mond innerhalb 24 Stunden um 13 Grade beyläufig weiter fortgehet, als die Sonne; da aber bey der Geschwindigkeit des Mondes auf 13 Grade beyläufig 51' oder eine Stunde in dem Zeitraum gerechnet wird; so folget nothwendig, daß weil beym Neumonde beyde Gestirne zur nämlichen Zeit aufgehen, den ersten Tag nach dem Neumonde der Mond um 51' ohngefähr später aufgehen wird, als die Sonne; den zweyten Tag wieder um 51', das ist schon um zwey Stunden ohngefähr später, und so weiter bis zum Vollmonde, wo der Mond aufgehet, wenn die Sonne nieder-

ders-

dergehet. Nach diesem fängt der Mond an fast eben so viel früher aufzu‹
gehen, als die Sonne, und beschleunigt täglich um eben so viele Minuten
seinen Aufgang, bis zum folgenden Neumonde, welches eben dieses Au‹
tom darzeiget, und auch die Lichtgestalten an der Mondskugel genau her‹
vorbringt; so, daß wenn der Mond mit der Sonne zusammenkömmt, oder
wenn das neue Licht, oder der Neumond ist, die vergoldete Halbkugel ganz
in der hohlen Kugel sich versteckt; am dritten Tage sieht man schon einen
Theil der vergoldeten Seite, und so immer zunehmen, bis der Mond der
Sonne gerade entgegengesezt ist, oder das volle Licht erreicht hat; dann
wird auch die ganze vergoldete Seite vollständig gesehen; das Abnehmen
geschieht ebenfalls so, wie bey seinem zunehmenden Lichte u. s. w. — Daß
man von allen Ungleichheiten des Mondenlaufes hier abgestanden, versteht
sich von selbst.

Unter diesem Planisphär sieht man eine fast noch größere Platte, wel‹
che zu dem Kalender gehört, und alles das nöthige nach dem damaligen
Gebrauch enthält, nämlich: alle Monats‹ und Hauptfesttage mit der gül‹
denen Zahl, welche beständig anzeigen soll, wenn ein Neumond sich ereig‹
net, und in welchem Jahre der dreyzehnte Mondenmonat zuwächst; diese
güldene Zahl ist noch abermals inwendig beygesezt, vom 21. März bis auf
den 18. Aprilmonat, mittelst dessen man den Ostersonntag gesucht hat, wenn
er einfallen müßte; dann sind zwölf Sinnbilder aufgemahlt, die auf jene
Verrichtungen und Arbeiten sich beziehen, welche vorzüglich der Landmann,
nach Beschaffenheit des Klima in Böhmen, in jedem Monate zu verrichten
pflegte; z. B. im Märzmonate kömmt ein Ackersmann hinter dem Pfluge
vor; im Aprilmonate, wie er säet; im Maymonate reichen Mann und
Weib, (die in der alten Böhmischen Tracht da stehen) sich die Hand. Im
Brachmonate rechet ein Mäher Heu zusammen. Im Julius schneidet ein

Schnit‹

Schnitter mit einer Sense das Getrayde; im Augustmonat ein Mädchen mit der Sichel den Waizen; im September pflücket ein Gärtner das Obst; im October stehet ein Winzer vor einer mit Trauben gefüllten Kelter; im November fällt ein Bauer Holz; im December schlachtet der Metzger einen Ochsen; im Jänner sizt der Bauer beym gedeckten Tische, mit einem ge-füllten Glase in der Hand; im Hornung dünget der Bauer das Feld. Nächst diesen Sinnbildern sind die korrespondirenden Zeichen des Thier-kreißes, und in dem Mittelpunkte ist das Stadtwappen mit dem Kaiserli-chen Adler angebracht, darinn die Buchstaben L. II. zu sehen sind; die um beyde Platten des Planisphärs, als den Kalender, angebrachten Verzierun-gen bestehen aus in Stein gehauenen Thieren; als Fröschen, Katzen, Fle-dermäusen, Affen u. dgl. welche man als Hieroglyphen annehmen kann.

Mit diesem ist die von mir gelieferte Skizze (in der Böhm. Statistik) hier so ergänzt, daß ich von allen übrigen Zusätzen nun frey gesprochen werden kann; wer mehr liefert, als ich für nothwendig fand, der sehe sich um, ob er etwas Wesentlicheres als ich, nach so vielem Nachforschen und zu Ratheziehen, leisten kann.

Die folgende Beschreibung einiger Kunststücke habe ich deswegen beygesezt, damit die Fremden sowohl, als Einheimischen, befriedigt wer-den, von denen ich den so oftmaligen Wunsch anhören müssen: daß man wenigstens von einigen dieser Uhrwerke die Beschreibung, und wenn es möglich wäre, auch die Abbildung für Jeztlebende sowohl, als für die Nach-kommenden, zu haben wünschte; ich liefere daher von den Tychonischen und den Kopernikanischen Weltgebäuden, die der Jesuit Klein verfertigte, vier Platten, beschreibe die übrigen Kunstwerke, wie sich solche dem Beob-achter

achter darſtellen; und hoffe: daß wenn Fremde nach Prag kommen, und nach der Königlichen Sternwarte fragen werden, nie mit der Vorurtheilvollen Antwort zurückgehalten werden: daß nur einige Jeſuiten-Inſtrumente da wären. — Mehr ſage ich nicht! Das Portrait des P. Johann Klein iſt nach deſſen Abbildung, welche noch die Jeſuiten veranſtalteten, geſtochen, uud mir gütigſt vom Herrn Martin Pelzel, Sr. Excellenz des Herrn Grafen von Noſtiz Bibliothekar, und Mitgliede der Böhmiſchen Geſellſchaft der Wiſſenſchaften, mitgetheilt worden, welches ich hier, der Dankbarkeit halber, melde.

Vorher aber liefere ich noch die folgende Beſchreibung des Automs am Altſtädter Rathhauſe, nach P. Benjamin Sblayer.

Beſchrei-

Beschreibung der Haupträder dieses Kunstwerks, nach Benjamin Söleyer, welche mit der des Taborsky fast übereinstimmt.

Es bestand aus vier Werken, oder Theilen, deren jedes durch sein eigenes Gewicht getrieben wurde. Das erste enthielt ein großes Rad, dem ein kleineres (das Steigrad) aufsaß, mit seiner Unruhe, zum Dienste der Minuten.

Im nämlichen Gestelle war seitwärts das andere Werk mit seinem Rade; dieses Rades Dienst war, wenn das erste Werk den Schlegel des zweyten Werkes aufhob, der im Fallen das Gesperre des zweyten Werkes löste, damit es laute, und während des Lautens drehte sich dieses Rad halb herum; unterdessen hob auch dies Rad, durch einen seiner zwey Hebendägel, einen Hebel, der mit seinem angehefteten eisernen Drath den Schlegel des dritten Werkes anzog, da bey dessen Fallen das Gesperre des Stunden-schlagwerks, welches sogleich schlug, gelöset, und auch das untere Rad des zweyten Werkes gesperrt wurde.

Das dritte Werk stand oben auf; ein ordinaires Stundenschlagwerk, von dem ein Faden herabhieng, mittelst welchem der Alte die Stunden zählte.

Das vierte Werk war das unterste unter dem zweyten Werke; es war ganz außer dem Gestelle, und blos bestimmt, den Kalender von einer Sonnenwende zur andern zu drehen; sein Rad hatte 365 Zähne, *) eben soviel, als das Jahr Tage hat, und jeden Tag wurde es um einen Zahn fortgerückt. (Im Schaltjahre mußte der Kalender um einen Tag eingehalten werden.)

Die

*) Es scheint ein Kronrad gewesen zu seyn.

Die Bewegung des Kalenders geschah auf folgende Weise: Hinter der Platte des Kalenders, zwischen zwo Säulen, war eine lange Stange, mit einem Schneckenrädchen, (ohne Zweifel eine Schraube ohne Ende,) so zwar, damit, wenn das Gesperre dieser Stange gelöst wurde, sie sich einmal umdrehe, und durch das Schneckenrädchen einen Zahn des Kalenders fortschiebe, doch auch fürs Künftige mit dem Anfange der Schnecke in den Zahn eingreife.

Die Eröffnung des Gesperrs aber geschah so: im Sonnenrade (von welchem hernach) war ein kleiner Hebnagel (oder Hebestift). Hatte sich das Sonnenrad einmal umgedreht, dann hob dies Stiftgen einen Schlegel, dessen Fall das Gesperre öffnete. Die Stange drehte sich mit dem Schneckenrädchen einmal, und ward also gleich gesperrt.

Die Kalenderscheibe dient auch noch hierzu: Sie hat im Mittelpunkte einen festen Wellbaum, so ausgebogen und zugerichtet, daß seine Biegung, nach der Bewegung des Kalenders, in der Winter-Sonnenwende abwärts, in der Sommer-Sonnenwende aber aufwärts steht. Der um diese Biegung bewegliche eiserne Arm muß also nothwendig bald gehoben, bald herab gezogen werden. Dieser Arm ist einem andern Rade, das nur drey Schenkel, äußerlich aber am Rande 24 Stunden aufgezeichnet hat, angeheftet. Da nun zwischen beyden Sonnenwenden der Unterschied zu Prag 4 Stunden beträgt, so erfolgt, daß durch diesen eisernen Arm bey der Sommer-Sonnenwende an der Mittagslinie die 16te Stunde, bey der Winter-Sonnenwende die zwanzigste zu stehen kommt; denn weil dieser eiserne Arm bald hinaufsteigt, bald sich senkt, so zieht er auch das bewegliche Rad mit sich, an welchem er angeheftet ist, daß immer eine andere Stunde aus jenen vieren, die den Unterschied zwischen beyden Sonnenwenden betragen, an die Mittagslinie kommt.

D   Durch

Durch dieses schöne Kunststück erkennet man vollkommen, sowohl die Abweichung der Zeit bey den Sonnenwenden, als auch die Uebereinstimmung der böhmischen mit den astronomischen Stunden.

Das Minutenrad des ersten Werkes hatte 112 Zähne. An seiner Welle, außerhalb des Gestelles, waren drey von sich entfernte Räder von 24 Zähnen fest. Ueber diesen drey Rädern waren drey andere gleiche und ziemlich große Räder, die sich zwar durch die untern, doch verschieden bewegten. Das dritte, nämlich das Mondenrad hatte 379 Zähne; das zweyte, das Sonnenrad 366; das erste, das Thierkreisrad 365: alle diese drey Räder hatten eine gemeine lange Welle, welche durch den Mittelpunkt der Kugel ausgieng, doch so, daß das eine Rad an der großen Welle fest war, das andere Rad an einem längern Rohre saß und an die große Welle gesteckt wurde, das dritte Rad auch an seinem Rohre fest war, und an das längere Rohr des zweyten Rades kommen mußte. Die Welle des ersten Rades gieng durch den Mittelpunkt der Sphäre bis an die Gasse, wo am Ende dieser Welle ein großer von Unterlagen unterstützter Kreis, der fast bis an den Kreis der böhmischen Stunden reichte, angebracht war; an diesen war der Thierkreis nach seiner Excentricität angebracht. An das etwas längere, und um die lange Welle bewegliche Rohr des zweyten Rades war der Zeiger angebracht; er reichte fast bis an den Rand der beweglichen Stundenscheibe, oder den Stundenring, und war an beyden Enden hohl eingebogen, damit ein anderer Zeiger, zwischen ihm eingesetzt, sich frey um den Thierkreis drehen könne. Doch auch dieser Zeiger ist in der Mitte offen, daß der Mittelpunkt des Thierkreises durch den ganzen periodischen Umlauf, wegen dem Mondenzeiger, frey bleibe. Bey diesem Zeiger wurde an einem Ende eine vergoldete Hand angebracht, welche die Stunde zeigte, in der Mitte das bewegliche Bild der Sonne; er wurde auch die Abweichung der

Sonne

Sonne genannt. Das Rohr des Rades D war das kürzeste. An seinem Ende saß der Zeiger K ganz nahe am Planisphäre an; dieser Zeiger war noch mehr, als die übrigen, von beyden Seiten eingebogen, daß der ihm angeheftete Zeiger L den Thierkreis und den Sonnenzeiger bestrich. Dieser Zeiger gehet knapp an dem Stundenringe fort, und reicht fast bis an die Mitte des Stundenrandes. An diesem ist die Mondeskugel eingesezt.

Vom Sonn=und Monden=Lauf im Thierkreise.

Aus dem Mittelpunkte des Thierkreises gehet unten ein Zeiger aus, an welchem bis zum äußern Halbmesser des Thierkreises, die Sonne so angebracht ist, daß sie in einem Jahre den ganzen Thierkreis zurücklege, und den Grad und das Zeichen, in welchem sie sich befindet, anzeige. Damit sie zugleich die Ungleichheit der Stunden zeigen könne, so bewegt sie sich an ihrem Zeiger bald hinauf, bald hinunter, und zwar so, daß sie in der Som=mer=Sonnenwende die Hand bedecke.

Auf diese Weise gehet noch ein anderer Zeiger höher aus dem Mittel=punkte des Thierkreises, an dessen andern Ende ein Gehäuse für den Mond angebracht ist, welcher hier vermittelst eines Ringes eingeschlossen ist. Am äußersten Ende der Welle des Thierkreises aber sizt ein zahnigtes Rädchen, um welches der durchbrochene Zeiger eine Cylinderhöhle hat, in der ein ei=serner Arm beweglich ruhet, an dessen einem Ende ein angebrachtes kleines zahnigtes und in das andere kleine eingreifendes Rädchen ansizt, damit, wenn der Mondenzeiger sich beweget, auch der Mond in seinem Gehäuse, weil er an der Stange steckt, sich bewege, und den Vollmond sowohl mit dem neuen Lichte, als auch alle die Lichts=Abwechselungen, welche von ei=nem Neumonde bis zu dem andern vor sich gehen, anzeige.

D 2   Vom

Vom Sonnenrade.

Die oben benannten drey größern Räder des Thierkreises, der Sonne und des Mondes werden durch Triebe bewegt, und in einem natürlichen Tage einmal umgedreht, so, daß von selbigen zu jeder Stunde 15 und ¼ Zahn abläuft. Auf diese Weise wird der *motus raptus* vorgestellet, (die alles bewegende Kraft;) das Sonnenrad aber, welches in der Mitte stehet, hat am Rande 24 Hebnägel, durch welche das zweyte Werk, damit Stunden schlagen, gelöset wird; zu diesem Endzweck ist über diesen drey Rädern ein eiserner Bogen angebracht, der an zween Schenkeln desjenigen innerlichen Rades, welches von einer Sonnenwende zur andern die Stundenscheibe sammt dem Calender bald hebt, bald erniedriget, fest angemacht ist; dieser Bogen aber reichet so weit hinaus, daß seine Höhe zwischen dem ersten und zweyten Rad steht; in seiner Mitte steckt ein eiserner Arm, an dem ein Schlegel angebracht ist, den die Stunden-Hebnägel ergreifen, und durch ihn das Gesperre des zweyten Werkes, mittelst der Hebel, die bis dorthin reichen, lösen. Da aber das Stundenrad beweglich ist, folglich auch der Bogen, so werden die Stunden nicht immer am nämlichen Orte gelöset, sondern unter beyden Sonnenwenden beträgt der Unterschied vier Stunden, oder 61 Zähne; auf diese Weise muß der Stundenzeiger mit der Stundenzahl und den Schlägen übereinkommen. An dem Hebel aber, der das zweyte Werk löset, ist ein eiserner Drath, welcher das Astrolab, so gegen die Teinkirche stehet, ordnete, welches aber bey der jetzigen Einrichtung, ich weiß nicht warum, weggeblieben ist, und statt dessen die böhmischen 24 Stunden angebracht sind.

Vom

29

Vom Minutenrade des Haupt- oder Gehwerks.

Dieses Rad drehet sich in einem natürlichen Tage nur 15mal um; denn da die Rädchen, die an seiner Welle sitzen, jedes 24 Zähne hält, und das Sonnenrad in einer Stunde nur um 15½ Zahn abläuft, so werden am Rädchen von 24 Zähnen 8 und ⅓ Zahn übrig bleiben, und weil das Minutenrad 112 Zähne hat, so kommen von diesen 4⅓ + ⅓ Zahn auf jeden Zahn des kleinen Rädchens; also wenn von diesem kleinen Rädchen, und durch dieses vom Sonnenrade 6 Zähne ablaufen, so sind vom Minutenrade 70 abgelaufen, und beynahe 40 übrig geblieben; folglich mußte sich dieses Rad in einem natürlichen Tage nur 15mal umdrehen.

Vom Rade des Thierkreises.

Da das Rad des Thierkreises 365, das der Sonne aber 366 Zähne hat: so wird das Rad des Thierkreises jenes der Sonne täglich um einen Zahn vorrücken; folglich wird die Sonne täglich im äußern Thierkreise um einen Grad fortgerücket seyn, und nur nach einem Jahre an seinen vorigen Standort kommen. Nebst dem zeigt dieses Rad im äußern Thierkreise allezeit 6 Himmelszeichen über, und 6 unter dem Horizont, hiermit auch den Aufgang und Untergang dieser Zeichen.

Vom Monden-Rade.

Dieses Rad hat 14 Zähne mehr, als jenes des Thierkreises, und 13 mehr, als das Sonnenrad, nämlich 379. Da das Sonnenrad 366, und die untern Rädchen 24 Zähne haben, die sich alle gleich bewegen, so wird das Mondenrad an einem natürlichen Tage 14 Zähne weniger, als das Sonnenrad ablaufen, daher, wenn die Sonne im Thierkreise einen Grad fort-

D 3 rückt,

rückt, und der Mond 14: so wird der Mond von der Sonne um 13 abweichen. Auf diese Art wird die zweyfache Bewegung, die scheinbare nämlich, von Osten gegen Westen, und die wahre oder natürliche, von Westen gegen Osten, verrichtet; die Mondskugel legt in Zeit von einem Jahre zwölf und ½ Lunationen an diesem Autom zurück.

Beschreibung

einiger

Uhr- und Kunstwerke,

von P. Johann Klein verfertiget,

welche auf der Königl. Prager Sternwarte aufbewahret werden.

Die Kunst sucht mit der ihr eigenen Wißbegierde die Natur nachzuahmen, und der Mensch bestrebt sich, die Einrichtung und Werke des Allmächtigen zu erreichen.

Die Kunst kömmt zwar der Natur öfters zu Hülfe, und vollendet ihr Werk; allein diese Vollendung kann nur die äußere Gestalt und die Anordnung dieser Theile betreffen, die Bewegungskräfte hat die Kunst nicht in ihrer Gewalt, und sie kann eben deßwegen den Maschinen die Bewegung nicht selbst ertheilen, sondern holet solche von der Natur selbst her. Die mit Rädern und Trommeln ausgerüsteten Uhrwerke gehören unter die schönsten Kunststücke; allein sie gleichen einem entseelten Körper, wenn sie nicht von einem Gewichte, oder einer elastischen Trieb, oder in Bewegung gesetzt werden. Die Kunst kann zwar den Körper der Maschine herstellen, allein die Natur ertheilt ihm die beseelende Bewegungskraft; obwohl diese weder Sinn noch Verstand hat, so strebt sie doch beständig, nach jedesmaliger Einrichtung der Kunst, so verschiedene und wunderbare Bewegungen hervorzubringen, über die man erstaunen muß. Eine zusammen gerollte stählerne Feder, welche sich durch ihre elastische Kraft auszubreiten bestrebt, bewirkt nicht nur die Nachahmung der täglichen Umwälzung der Gestirne, sondern zeigt auch, nach dem Wink des Künstlers, ihre eigenen Bewegungen, und stellt dadurch ein sehr angenehmes Schauspiel dar. Dergleichen Maschinen, welche das Weltgebäude im Kleinen vorstellen, und ihren Umlauf nachahmen, hatten schon die Alten ausgedacht.

E

Nach

34

Nach Cicero's IIten Buche (de natura Deorum) hat Poſidonius eine Sphäre verfertiget, welche durch ihre Umwälzung die Himmelsbewegungen vorſtellte; ob aber dieſe nachgeahmte Bewegung nur die tägliche war, oder auch die der Planeten eigene Bewegung vorſtellte, ſetzt er nicht hinzu. Nichts deſtoweniger iſt es wahrſcheinlich, daß ſie blos die vier und zwanzigſtündige Bewegung angezeigt habe.

Die künſtliche Kugel vom Archimed, die in der Folge ſo berühmt war, beſtand nicht in einer Vorſtellung der Kreiſe der Himmelskugel, ſondern es war ein Planetenwerkzeug, oder ein Weltſyſtem, *) das in einer Glaskugel die Bewegungen der Planeten vorſtellte, und vom Claudianus Epigrammate III. folgendermaßen gerühmt wird:

Jupiter in parvo cum cerneret æthera vitro,
 Riſit, & ad ſuperos talia dicta dedit:
Huccine mortalis progreſſa potentia curæ?
 Jam meus in fragili luditur orbe labor.
Jam poli, rerumque fidem, legesque Deorum
 Ecce Syracuſius transtulit orbe ſenex!
Incluſus variis famulatur ſpiritus aſtris,
 Et vivum certis motibus urget opus.
Percurrit proprium mentitus ſignifer annum,
 Et ſimulata novo Cynthia menſe redit.
Jamque ſuum volvens audax induſtria mundum
 Gaudet, & humana ſidera mente regit.
Quid falſo inſontem tonitru ſalmonea miror?
 Aemula naturæ parva reperta manu.

Von eben dieſer ſchrieb Ovidius Faſtorum Lib. IV. Arte ſyracuſia ſuſpenſus in aere clauſo . . . und Statius: Stat globus immenſi parva figura poli. . .

In

*) Nam cum Archimedes Lunæ, Solis, quinque errantium motus in ſphæram illigavit, effecit — —

In neuern Schriften findet man hin und wieder Beschreibungen solcher Maschinen, dergleichen jene von Huygens ist, die man in seinen hinterlassenen Schriften findet; ferner jene, die im ersten Bande der Maschinensammlungen der K. Pariser Akademie vorkömmt; aber beyde zeigen nur nach der Handanlegung die Bewegungen der Planeten an. Der Wohlehrwürdige P. Johann Klein *), nachdem er zuvor verschiedene vortreflliche Maschinen verfertiget hatte, nahm sich vor, ein solches Planetarisches Autom zu verfertigen, welches nicht nur beständig, durch die Federkraft in Bewegung gesezt, den jedesmaligen Stand der Planeten, sondern auch noch viele im Kalender vorkommende Dinge, nieblich und genau anzeigen sollte. Die Beschaffenheit dieses Kunstwerks soll diese kurze Beschreibung nach dem seel. Stepling (seinem lateinischen Auffaz vom Jahre 1751 gemäß) darstellen.

Die erste Seite dieser Uhr (siehe die Platte No. I.) stellt in der Mitte des Planiglobs die Erdkugel dar, dann in einer kleinen Entfernung den ☾ Mond sammt seiner Bahn; in einer größern Entfernung aber die Sonne, als die Quelle des Lichtes, wie es das Tychonische Weltgebäude erfordert; um die Sonne sind die Bahnen des ☿ Merkurs und der ♀ Venus, dann folgen die des ♂ Mars, ♃ Jupiter und ♄ Saturnus, so zwar: daß die Bahnen des Merkurs und der Venus die Erde nicht einschließen, wohl aber die Bahnen der drey obern Planeten, des ♂, ♃ und ♄.

E 2   Diese

---

*) P. Johann Klein ist zu Kamnitz in Böhmen, im Jahr 1684. den 25. Jul. geboren; wurde Jesuit im Jahre 1703. den 9. Oktober; Vorsteher des mathematischen Musäums im Collegio Clementino zu Prag, vom J. 1732. bis 1762. wo er am 15. Jänner gestorben, und eine ansehnliche Menge von Kunststücken zum ewigen Gedächtnisse seines Namens hinterlassen hat. Siehe Herrn Pelzels IVen Theil der Abbildungen der Böhmischen und Mährischen Gelehrten, p. 137 — 142.

Diese Bahnen sind gegen die Sonne auf diesem Autom eccentrisch
vorgestellt, das ist: die Sonne befindet sich nicht in dem Mittelpunkte der
Bahnen, daher auch die Umkreispunkte ungleich von der Sonne abstehen,
so daß ein Punkt der Planetenbahnen von der Sonne der entfernteste, einer
im Gegentheil ihr am nächsten seyn muß; der erste kömmt unter dem Namen der Sonnenferne, (Aphelium), der andere aber der Sonnennähe
(Perihelium) bey den Sternkundigen vor; die Oerter dieser Sonnenfernen
und Sonnennähen sind an der Uhrplatte angezeigt, sammt dem ihnen zukommenden Orte an der Ekliptik; das Zeichen, die Grade und Minuten
sind nach den de la Hireschen Tafeln, die man dazumal bey handen hatte,
verzeichnet.

Zwar könnten aus den angezeigten Sonnenfernen die Sonnennähen
leicht bestimmt werden, wenn man nämlich zu dem Orte der Sonnenferne sechs Zeichen zugiebt, oder auch, wenn man einen Faden von diesem
Orte der Sonnenferne durch die Sonne bis zu der Ekliptik zieht, welche zu-
nächst die Bahn des ♄ (Saturns) einschließt.

Den eccentrischen Kreißen sind die concentrischen zugegeben, damit die
Eccentricitäten um so mehr in die Augen fallen. In der itzigen Sternkunde
werden zwar statt der eccentrischen Kreisbahnen die Ellipsen gebraucht, welche aber nicht viel von den Kreißen abweichen; es wäre daher ein gar zu
ängstlicher Fleiß gewesen, wenn man diese statt jener hätte anbringen wollen, deren Unterschied nicht sehr beträchtlich ist.

Man hat auch die vier Trabanten, oder Monden des Jupiters, und
die fünf vom ♄ Saturn um die Hieroglyphen dieser zwey Planeten gezeichnet, welche als Nebenplaneten um ihre Hauptplaneten, und zugleich mit
ihnen fort bewegt werden.

An

An der Sonne sind fünf Zeiger angebracht, deren ein jeder ein Planetenzeichen trägt, und ungleich von der Sonne entfernt ist, in der zuvor angeführten Ordnung; den Merkur, der der Sonne am nächsten; die Venus, dann Mars, Jupiter und Saturn; diese fünf Zeiger wälzen sich um die Sonne, als ihren Mittelpunkt, nach der mittlern Bewegung eines jeden Planeten, und zwar so: daß der Radius vector, oder die Felgenlinie des Merkurs, in 88 Tagen; der Venus ihrer in 224 Tagen, 18 Stunden; Mars in 687 Tagen; Jupiter in 11 Jahren, 317 Tagen, 15 Stunden, und Saturn in 29 Jahren, 174 Tagen, 5 Stunden ihre Umlaufszeit an dem Autom vollenden; diese Radii vectores welche bis an die innere Ekliptik, die am nächsten die Bahn des Saturns einschließt, reichen, zeigen in dieser Ekliptik den mittlern heliocentrischen Ort, d. i. wie sie aus der Sonne gesehen werden, an. Wenn man aber den geocentrischen Ort eines Planeten wissen und bestimmen wollte, d. i. wie ein Planet aus dem Mittelpunkte unsers Erdplanetens gesehen wird, dann braucht man nichts anders, als einen Faden in der Mitte der Erde anzusetzen, denselben durch das Planetenzeichen bis an die äußerste Ekliptik, in deren Mittelpunkte die Erde ist, auszuspannen, und man erhält ziemlich genau den Ort des Planeten, von der Erde aus gesehen. Fast auf eben diese Art kann man die Stellungen der Planeten, ob sie geradgängig, stillstehend oder rückgängig sind, bestimmen; z. B. ein Planet wird geradgängig seyn, wenn sein geocentrischer Ort an der äußern Ekliptik dem heliocentrischen nachfolget, gehet aber der geocentrische dem heliocentrischen vor, so ist der Planet rückgängig; es wird aber an diesem Autom der Saturn 8 Tage, Jupiter 4 Tage, Mars 2 Tage, Venus 1½ Tag und Merkur einen halben Tag stillstehend daraestellt; rückgängig ist Saturn 140 Tage, Jupiter 120 Tage, Mars 73 Tage, Venus 42, und Merkur 22 Tage; geradgängig erscheint dann der ♄ 243 Tage; ♃ 284

E 3   Tage;

Tage; ♂ 702 Tage; ♀ 542 Tage, und Merkur 93 Tage. Wie nun die geo=
centrischen Oerter der Planeten, eben so kann man auch den Ort des Mondes
an der vorerwähnten Ekliptik, durch einen ausgespannten Faden, jedesmal
bestimmen. Der Ort der Sonne wird durch einen sechsten äußern Zeiger,
welcher an dem Orte der innern Ekliptik befestiget ist, wo sie der äußern am
nächsten kömmt, angezeigt; diese äußere Ekliptik, welche sowohl in die Zei=
chen und ihre Grade, als auch auf einem andern, dem vorigen concentri=
schen Kreiße, in die einzelnen Tage des Jahres eingetheilt ist, verrückt sich
täglich ein wenig von der Linken zur Rechten, und zwar so, daß der hier
angebrachte Sonnenzeiger täglich einen andern Grad der Ekliptik einnimmt,
und folglich auch einen andern Tag an dem obern Kreiße bestimmet; daher
kann der Liebhaber, sowohl den Grad der Sonne in der Ekliptik, als auch
den Monatstag auf diesen Umkreißen erfahren.

Ferner muß man wissen, daß die ganze mittlere Scheibe, sammt der
Sonne und den an derselben angebrachten Planetenzeigern, ja auch die
äußere Ekliptik selbst, sich in einem Tage, oder 24 Stunden, um die Erde
herum drehen; daher ist auch klar, daß dieses Kunstwerk sowohl erstens
die gemeine, oder scheinbare, als auch zweytens die eigene Bewegung der
Sonne, und drittens der Planeten ihre vorstellt. Der äußere Zeiger, wel=
cher zugleich die Sonne trägt, weißt auch auf das Land, wo es eben Mittag
ist, und zu gleicher Zeit die Stunde, welche man zu Prag zählet; wenn
der Sonnenzeiger früh Morgens 5 Uhr zeigt, so sieht man China bey dieser
Stunde, wo es also um diese Zeit Mittag ist; denn Pecking selbst liegt von
Prag um 6 Stunden 48 Minuten östlicher, welches von allen übrigen Stun=
den und dort beygesezten Ländern zu verstehen ist.

Die andere Seite dieses Uhrwerks (siehe Platte No. II.) stellt die
meisten Hauptstücke des Kalenders für ein jedes Jahr vor, und zwar: an
dem

dem oberſten Theile wird das laufende Jahr Chriſti in der Mitte angezeigt, nämlich hier in der Platte 1751, als das Jahr der Verfertigung der Uhr, (ſie zeiget aber heuer im Jahr 1791 alles dasjenige, was die Cyclographie erheiſchet) den Sonntagsbuchſtaben C, und 2, das iſt: den Freytag der Woche, an welchem Tage ſich das Jahr endigte, und eben auf dieſe Art vom Jahr 1700 bis auf das Jahr 3200, im gemeinen, als Schaltjahrhunderten, werden die Sonntagsbuchſtaben, und die lezten Tage des Jahrs immerfort angezeigt, ſo, daß (wie es die Platte ausweiſet) in den Jahrhunderten 1700, 2100, 2500, 2900 der Sonntagsbuchſtabe C, und der lezte Tag des Jahres der Freytag ſey, in den Jahrhunderten 1800, 2200, 2600, 3000 der Sonntagsbuchſtabe E, und der lezte Tag des Jahrs der 2 Mittwoch ſey; in den Jahrhunderten 1900, 2300, 2700, 3100 aber der Sonntagsbuchſtabe G; und der lezte Jahrestag der (Montag ſey. Dieſe hier angegebenen Jahrhunderte ſind die gemeinen, jene aber von 2000, 2400, 2800 und 3200 die Schaltjahrhunderte, welche den Sonntagsbuchſtaben A haben, und ſich an einem ☉ Sonntage endigen. Unter dieſem Fache erſcheint eine Scheibe, welche die Zahlen von 17 bis 32 enthält, ſie iſt zum Drehen eingerichtet, wie es der dort angebrachte Fingerzeig andeutet, aber ſo, daß die bey dem Zeiger angebrachte Zahl (als die an der Platte 17) ein ganzes Jahrhundert ohne Aenderung ſtehen bleibt, und mit Anfange des folgenden Jahrhunderts, z. B. im Jahr 1800, von 17 auf 18 verſchoben werden muß, die einzelnen Jahre aber von 1 bis 99 werden während des Jahrhunderts am erſten Jänner jeden Jahrs durch das Uhrwerk in das Fach eben ſo getrieben, wie an eben dem erſten Tage des Jahres. An dem untern Theile der Scheibe erſcheinen die Epacten, der Oſtervollmond (Plenilunium paſchale), die gůldene Zahl, (Cyclus Lunæ, ſeu Numerus aureus) der Sonnenzirkel, (Cyclus Solis) und die Indictio romana, oder die Rö-

mer-

merzinszahl, jedes in seinem Fache, in dem zugehörigen laufenden Jahre. Weiter unten, unter dem Stunden- und Minutenzeiger kömmt ein Fach für einen jeden Monat mit sieben Abtheilungen vor, und zwar im I. erscheinen die unbeweglichen Hauptfeste eines jeden Monats, als: im Herbstmonate den 1. Aegidius, den 8. Mariä Geburt, den 29. Michael Erzengel u. f. w. Im II. die Anzahl der Tage, die ein jeder Monat hat; der Eintritt der ☉ in das Zeichen des Thierkreißes, die Dauer des Tages und der Nacht, sammt dem Auf- und Niedergange der Sonne, zwey Tage nach dem Eintritte der ☉ in das Zeichen des Thierkreißes. Das Gehwerk ist von 8 Tagen, und mit Stundenschlagwerk versehen.

Schon die Darstellung des äußern Baues dieses künstlichen Uhrwerks kann hinlänglich seyn, die bewundernswürdige Geschicklichkeit und den alle Schwierigkeiten überwindenden Fleiß dieses vortreflichen Künstlers zu bewundern, und ihm jene Achtung wiederfahren zu lassen, welche dieses sehenswürdige Kunstwerk jedem aufmerksamen Beobachter einflößen wird.

Beschrei-

Beschreibung des Planetarischen Uhrwerkes nach dem Nikolaus Kopernikus, Domherrn zu Thorn.

Verfertiget vom P. Klein, im Jahre 1752.

Als der große Künstler P. Klein im Jahre 1751. das mit großem Fleiße und voller Pracht ausgearbeitete Autom, nach der Hypothese des Tycho Brahe, vollendet, und öffentlich zur Schau aufgestellt hatte, stellte er mit unermüdetem Fleiße, zu Ende des 1752sten Jahres, auch das vom Philolaus zuerst vorbereitete, und dann von Nikolaus Kopernikus, Domherrn zu Thorn, erweiterte, und mit neuen Gründen unterstützte Sonnensystem, in einem Kunstwerke dar, wie es die hier beygelegten Kupfertafeln No. III. und IV. vorstellen.

Dieses Autom mußte allen jenen willkommen und sehr angenehm seyn, die sich zu dieser Zeit, an der hohen Schule zu Prag, auf die durch den verdienstvollen Stepling verbesserte Mathematik, Physik und Astronomie legten.

Das Sonnensystem, nach der Hypothese des Tycho von Brahe, ist mehr zusammengesezt, und unregelmäßig; und das Uhrwerk, welches dieses vorstellt, muß dem Künstler weit mehr Nachdenken und Mühe verursacht haben, als jenes nach der Meynung des Kopernikus. Indessen verschönerte der Künstler das erstere dennoch mit äußerlichem Schmucke, und vergaß keine Verzierung, welche das Auge des Betrachtenden angenehm reizen kann. Das Kopernikanische hingegen ist ganz simpel, mit wenigen Verzierungen versehen, und dennoch empfiehlt es sich durch seine Simplicität vor dem Tychonischen einem aufmerksamen Beobachter, der die Mittel und Wege, welche die Natur zu gebrauchen und zu gehen pflegt, aus

F   an-

andern Erſcheinungen hat kennen lernen. Es ſtellt ſich zu einfach und zu unges künſtelt dar, als daß man nicht gleich glauben ſollte, die Natur befolge ſolches.

Auf der einen Seite, welche dieſes Sonnenſyſtem vorſtellt, befindet ſich die Sonne, als der Mittelkörper, um welchen ſich alle des Lichts und der Wärme genieſſende Planeten bewegen, in der Mitte unbeweglich. Sechs Zeiger, welche bis an die Ekliptik reichen, tragen die 6 Planetenzeichen; dieſe werden in einer Entfernung, beynahe wie ſich folgende Zahlen verhal halten: 4, 7, 10, 15, 52, 95, durch das Uhrwerk in Bewegung geſezt, und in derſelben erhalten. Der nächſte an der Sonne iſt Merkur, welcher in 87 Tagen 23 Stunden 15 Min. (in einer Entfernung von acht Millionen Meis len läuft, und vierzehnmal kleiner als unſere Erde iſt,) ſich um die Sonne beweget; ſeine Bahn iſt 7° 0' 10" gegen die Ekliptik, und 0° 32' 30" gegen den Sonnenäquator geneigt; ſein ſcheinbarer Durchmeſſer beträgt in der kleins ſten Entfernung von der Erde 13" 4, ſeine kleinſte Entfernung von der Erde aber beträgt 12, 243 Halbmeſſer der Erde; dieſer Planet entfernt ſich von der Sonne am weiteſten 11, 067, und am wenigſten 7288 Halbmeſſer der Erde; ſeine Tage oder ſeine Umbrehung um die Axe iſt noch nicht ausgemacht.

Die Merkurialbahn wird in einer verhältnißmäßigen Entfernung von der Bahn der Venus eingeſchloſſen. Der Durchmeſſer dieſes Planeten vers hält ſich zum Durchmeſſer der Erde wie 20 zu 21; ihre Oberfläche iſt $\frac{1}{18}$ kleiner als die Oberfläche der Erde, und ihr körperlicher Inbegriff verhält ſich zu dem der Erde wie 13 zu 15. Ihre Bahn hat eine Neigung gegen die Ekliptik von 3° 23' 20" gegen die Ebenen des Sonnenäquators von 4° 7', und gegen ihren eigenen Aequator von 15 Graden. Ihr ſcheinbarer Durchs meſſer in der kleinſten Entfernung hält 1' 5". Sie iſt in ihrem mindeſten Abs ſtande von der Erde 6040 Erddurchmeſſer von derſelben entfernt, von der Sonne aber 17,270 Halbmeſſer der Erde, wenn ſie von derſelben am weis teſten

teſten abſteht, und 17,028 in der kleinſten Entfernung von derſelben. Sie vollendet ihre Periode in 224 Tagen 16 St. 48 Minuten, und drehet ſich in 23
Stunden 22 Minuten um ihre Axe.

Des Planeten Venus ſeine Bahn ſchließt in der Entfernung von 21 Millionen deutſchen Meilen die Erdbahn ein; die Erde hat 1720 Meilen im
Durchmeſſer; 9288000 Quadratmeilen hält die Erdoberfläche, und ihre So-
lidität 2662560000 Cubikmeilen; ihr Weg iſt der eigentliche der Ekliptik, ihre
Neigung gegen den Sonnenäquator aber iſt 7° 30′, und ihr Aequator macht
mit der Ekliptik einen Winkel von 23° 28″ im Mittel genommen. Unſere
Erde iſt am entfernteſten von der Sonne 24,107, und da ſie der Sonne am
nächſten iſt, 23,310 Halbmeſſer der Erde; ſie vollendet ihre Bahn in 365
Tagen, 5 St. 48′ 48″, und wälzt ſich um ihre Axe binnen 23 St. 56′. Der
Erdzeiger an dem Autom, wie es die Platte (No. III.) zeiget, hat um ſich eine Scheibe, an welcher 24 Ziffern angebracht ſind; ein kleiner Zeiger be-
ſtimmt allemal die Stunde dieſer Revolution, und deutet ſowohl die
Tag- als die Nachtſtunden an. Die Erdſcheibe umgeht ferner der
Mond, als ihr treuer Trabante, deſſen Lichtgeſtalten ſowohl als deſſen
jährlicher Umlauf um die Sonne angezeiget werden; man weiß,
daß der Mondsdurchmeſſer nur $\frac{1}{7}$ des Erddurchmeſſers halte, ſeine
Oberfläche iſt der Erde ihrer nur ein achtzehnter Theil, und ſeine Solidität nur $\frac{1}{27}$ Theil; ſeiner Bahn Neigung gegen ihren Aequator beträgt
7° 30′; ſein ſcheinbarer Durchmeſſer in der kleinſten Entfernung wird
33′ 34″ angenommen, und ſeine kleinſte Entfernung von der Erde 56 Halbmeſſer derſelben; er beſchließt um die Erde ſeinen Lauf binnen 27 Tagen 7 St.
43′, und eben ſo lange braucht der Mond zu ſeiner Umwälzung um die Axe.
Der Zeiger der Erde iſt etwas länger gemacht, und ſein Ende trift die
Ekliptik, damit man im Stande iſt, einen jeden Grad zu unterſcheiden,

F 2

wo der entgegengeseşte Sonnenort aufzusuchen sey; es ist daher die
Ekliptik in 12 Theile oder Zeichen, und jedes Zeichen in seine 30 Grade getheilt; der Ort der Sonne ist allezeit um 6 Zeichen oder 180° von dem Erdzeiger entfernt, wie es ohnehin nach den Erscheinungen des Kopernikanischen Weltgebäudes erforderlich ist, indem die Erdbewohner um 6 Zeichen
die Sonne weiterhin ansehen, z. B. den 31. August 1791 zeigt der Erdzeiger auf den 7° 54' der ♓, und die Sonne im 7° 54 der ♍, u. f. w.

In einer etwas größern Entfernung erscheint die Bahn des ersten
obern Planeten Mars, in welcher der ♂zeiger seinen Lauf um die Sonne in
1 Jahre 321 Tagen 22 St. 18' 27'' vollendet. Dieser Planet, wie es ferner
aus dem Sonnensysteme bekannt ist, ist 3 und ⅓mal kleiner, als unsere Erde,
denn sein Durchmesser enthält nur ½ des Durchmessers der Erde, seine Ober-
fläche macht demnach nur $\frac{3}{17}$ der Oberfläche der Erde, und $\frac{27}{137} = 4\frac{7}{27}$ ihrer
Solidität; die Marsbahn ist zu der Erdbahn oder der Ekliptik 1° 53' geneigt,
und zum Sonnenäquator 5° 45'; sein scheinbarer Durchmesser beträgt nicht
mehr als 28''; seine kleinste Entfernung von der Erde wird auf 8647 Halbmesser der Erde angesetzt; seine größte Entfernung von der Sonne aber
39496, und die kleinste 32754 Erdhalbmesser; seine Tage endlich sind von 24
Stunden und 39 Minuten.

Die fünfte Bahn ist für den größten Planeten unsers Sonnensystems,
den Jupiter, bestimmt; der ♃zeiger vollendet solche in 11 Jahren 315 Tagen
12 St. 58' 27'', seine Umwälzung aber um die Axe ist nicht länger als von 9 St.
56'; diese außerordentliche Geschwindigkeit seiner Rotation macht auch,
daß sein Körper schon durch mittelmäßige Fernröhre merklich abgeplattet
erscheinet; das Verhältniß seines Durchmessers zu dem Erddurchmesser ist
fast wie 11:1; die Oberfläche der Jupitersphäre übertrifft die Oberfläche
unserer Erde mehr als 116mal, und der körperliche Inhalt ist 1244mal größer

als

als jener der Erde. Die Jupitersbahn neigt sich gegen die Ekliptik unter einem
Winkel von 1° 19′ 10″, und mit dem Sonnenäquator macht sie einen Winkel
von 6° 19′; nebstdem macht der Jupitersäquator mit der eigenen Bahn einen Winkel von 5°; der Durchmesser dieser so großen Kugel erscheint uns
Erdbewohnern in der kleinsten Entfernung nicht größer als 47″, 6, indem
die kleinste Entfernung des Jupiters von der Erde 93,212 Erdhalbmesser beträgt; dieser Planet entfernt sich von der Sonne am weitesten 129297, und
ist ihr am nächsten 117319 solcher Erdhalbmesser. Seine vier Monden oder
Trabanten erscheinen mit 4 Sternchen bezeichnet an dem Planetenzeiger;
ihr periodischer Umlauf um ihren Hauptplaneten ist von den Astronomen folgendermaßen bestimmt, und zwar der innerste oder erste Jupiterstrabant
braucht 1 Tag, 18 Stunden 29′ zum Umlaufe seiner eigenen Bahn, der
zweyte 3 Tage 13 St. 18′, der dritte 7 Tage 4 St., der vierte aber hat 16
Tage 18 St. 5. Min. vonnöthen, um seine Periode zu vollenden.

Die sechste Bahn endlich an dieser Uhrplatte ist für den Planeten Saturn bestimmt, um solche (mittelst des Automs) in 29 Jahren, 164 Tagen,
7 St. 21′ 50″ zurückzulegen; dieser Planetenzeiger ist, seiner Lage gemäß,
der längste, weil er, wie es die Ausmessung des Sonnensystems ausweiset,
in der kleinsten Entfernung von der Erde um 189454 Erdhalbmesser entfernt
ist; er ist der Sonne am nächsten in einer Entfernung von 213561 Erdhalbmesser, und entfernt sich von der Sonne am weitesten 238770 solcher Halbmesser. Sein Durchmesser ist fast zehnmal größer, als der Durchmesser
der Erde, und obschon seine Oberfläche sieben und neunzigmal die des Erd-
balls übersteigt, obschon sein körperlicher Inhalt 963mal auch größer ist, als
der Erde ihrer, so sehen wir ihn dennoch nicht größer, wenn er auch in
der kleinsten Entfernung von der Erde ist, als unter einem Winkel von
21″ 5; seine Bahn macht mit der Ekliptik den Neigungswinkel von 2° 30′

20″,

20″, und mit dem Sonnenäquator 5° 27′; seine Umbrehungszeit bestimmt der Herr Astronom und Justizrath Bugge auf 6 Stunden 5′ 5″ Sternzeit. Neben dem hieroglyphischen Zeichen ♄ sind 5 Sternchen eingegraben, welche die fünf Monden, oder Nebenplaneten, die den Saturn umgeben, anzeigen sollen, und deren jetzo noch zwey entdeckt worden, so daß dieser Planet sieben Monde um sich hat, folglich sollten auch auf dem Autom 7 Sternchen angedeutet werden, welche ebenfalls ihren periodischen Umlauf um ihren Hauptplaneten vollenden, und zwar gab man dem ersten 1 Tag 21 St. 18 Min., dem zweyten 2 Tage 11 St. 41 M., dem dritten 4 Tage 12 St. 25 M., dem vierten 15 Tage 22 St. 41 Min., dem fünften 79 Tage 7 St. 47′. Da nun Herr Herschel im Jahre 1789 auf den Saturnus-ring stets sein Augenmerk richtete, und denselben durch sein vierzigschuhiges Teleskop beständig sah, da dieser doch den übrigen Astronomen verschwand, so bemerkte Herr Herschel: 1. die geringe Dicke des Ringes, und sah den Ring selbst zu dieser Zeit, da blos der Rand desselben gegen uns gekehrt war; 2tens daß ein Trabant sich genau auf ihm bewege, und das Ansehen einer an einen Rosenkranz angereihten Koralle habe; daß ferner 3tens außer dem neu entdeckten sechsten Trabanten des Saturns, der zu seinem Umlauf 2 Tage 8 St. 53′ 9″ braucht, und vom Mittelpunkte des Saturns 35″ 058 entfernt ist, er einen siebenden Trabanten noch entdeckt hat, dessen Umlaufszeit 22 Stunden 40′ 46″, und sein Abstand 27″ 366 betrage; die folgenden zahlreichen Beobachtungen werden solches bald in ein viel helle-res Licht setzen.

Damit man nun den ekliptischen Standort eines jeden Planeten auf diesem Autom sehen und bestimmen könne, so ist an dem äußersten Rande dieser Uhrplatte eine Kreisfläche in 12 Theile, deren jeder abermals in 30° getheilt ist, und den himmlischen Thierkreis vorstellet, angebracht, wohin

auch

auch die Zeiger aller Planeten hinreichen, und den ihnen am Himmel zuge: hörigen Ort im Thierkreise (von der Sonne gesehen) bestimmen; die bey den obern drey Planeten angesezten Sonnenfernen sind aus den Tafeln des de la Hire für das damalige Jahr genommen worden; es ist bey einer je: den Sonnenferne dieses Planeten ein Strichelchen gezeichnet, das, wenn man daselbst einen Faden auffspannen sollte, in dem entgegengesezten Punk: te den andern trifft und die Sonnennähe bezeichnet.

Die andere Seite dieses Automs, wie die Platte No. IV. anzeiget, enthält ganz oben ein Täfelchen, worinnen die Monate und die Monatsta: ge verzeichnet sind, deren jedem ein Fach entgegengesezt ist, und die Stun: de des Sonnenuntergangs für die Polhöhe von 50° in sich fasset; der un: tere Theil aber zeigt, nebst den gemeinen Stunden und Minuten, auch die Babylonischen Stunden an, deren Anfang, wie bekannt ist, auf den Zeit: punkt des Sonnenaufganges angesezt ist; derjenige Zeiger daher, welcher an die arabische Zahl stößt, muß für Prag an jedem Tage die Stunde an: deuten, welche seit dem Aufgange der Sonne verflossen; gehet z. B. die Sonne in Prag den 1. Sept. um 5 Uhr 20' auf, so sollte der Babylonische Uhrzeiger auf 0 stehen; und wenn der gemeine Zeiger die 12te Mittagsstun: de andeutet, muß jener 6 Uhr 40', d. i. die verflossene Zeit vom Aufgang der ☉ bis zum Mittag, und so eben bis zum Untergang der Sonne die gan: ze Tageslänge eines jeden Tages im Jahre bestimmen, u. s. w. Die übri: gen auf der Kupferplatte angeführten Theile sind ohnehin so verständlich, daß solche keiner fernern Erklärung bedürfen.

Die Geographiſche Uhr, verfertiget vom P. Klein.

Nach dieſen zwey vortreflichen Uhrwerken, welche dem Namen des P. Klein Ehre machen, verdient die von Homann erfundene, von Klein aber ins Werk und in Gang geſezte geographiſche Uhr am erſten genannt zu werden; dieſe beſtehet an der Hauptſeite in einer Uhrplatte, an welcher die gemeinen Tag- und Nachtſtunden angebracht ſind; dieſe Platte iſt bis zu den Stunden hohl ausgeſchnitten, und in dieſem Ausſchnitte iſt eine email-lirte Halbkugel von 4 Zollen angebracht, die genau einpaſſet, und die nörd-liche Hälfte unſers Erdballes vorſtellt, worauf die Meridianen von 5 zu 5 Graden gezogen, und die Länder mit ihren Oertern aufgetragen ſind *). Um dieſe Halbkugel ſieht man den Aequatorring, wie gewöhnlich, in die Zeit eingetheilt; nämlich: 15° auf eine Stunde. Dieſe Stunden aber laufen nicht in einer Reihe von 1 bis 24; ſondern von 12 — 12 Stunden um; damit man an dem obern großen Stundenringe (der füglich den Me-ridian von Prag vorſtellet) eine jede Stunde eines andern Meridians be-ſtimmen könne; dieſer bewegliche Aequatorialring hat nebſt den Zeitthei-len in Stunden, noch zweyerley andere Unterabtheilungen, nämlich: in zwey concentriſchen Kreißen (wie ſchon bey dem Tychoniſchen Weltgebäude erwähnt worden) ſieht man in dem einen die 12 Monate in ihre Tage, und im andern die 12 Zeichen des Thierkreißes, jeden wieder in ſeine 30° einge-theilet. Zwiſchen dieſen beyden Kreißen iſt ein etwas tieferer beweglicher Ring mit einem Zapfen angebracht, darauf die Sonnenſcheibe feſtgemacht wird, und die jeden Tag ſowohl, als auch den ihm zukommenden Grad der ☉ in der Eklyptik, die laufende Prager Stunde, und den Mittag in jedem
Zeit-

*) Dieſe emaillirte Erdhalbkugel hat der Jeſuite und nachmalige Mandorin zu Pe-king, P. Sichelbarth, ſo wie jene, die zu Dresden iſt, vor ſeiner Abreiſe nach China verfertigt.

Zeitaugenblicke an der Halbkugel anzeiget. An eben demselben Ringe aber ist ein blaues Hohlglas angebracht, welches sich erstens in 24 Stunden um die emaillirte Halbkugel, und zweytens in 6 Monaten über den Nordpol bis zum Polarkreiße, dann wieder auf diese Art rückwärts bewegt, bis der Rand des Glases den ganzen Polarkreis unbedeckt läßt; die erstere ist die Nachah-mung der 24stündigen Bewegung der Erde um ihre Axe, vermittelst welcher dieses Glas zu Mittage unten, und um Mitternacht über der Halbkugel ge-nau zur Hälfte stehet; der Sonnenzeiger, welcher immer an dem untern be-weglichen Stundenringe die 12te Stunde bezeichnet, und den Mittag eines jeden Ortes an der Erde in jedem Augenblicke anzeigt, trift um die 12te Mittagsstunde in Prag mit ihr, und um Mitternacht mit der entgegenge-sezten 12ten Stunde überein; wo dann alle die Oerter, welche zur Mittags-zeit in Prag außer dem blauen Glase waren, um die Mitternachtstunde un-ter diesem bedeckt erscheinen; die zweyte Bewegung des blauen Glases ge-schieht in einem Zeitraum von einem Jahre, und zwar so, daß wenn man den Anfang von der Frühlingsnachtgleiche annimmt, da die Sonne in den 1° des Widders eintritt, zu dieser Zeit der Mittelpunkt des Hohlglases genau den Nordpol berührt, und diese Hälfte der Erdkugel in gleiche Theile abson-dert, so daß der erleuchtete dem verfinsterten genau gleich ist; wie denn auch zu dieser Zeit auf dem ganzen Erdball Tag und Nacht gleich ist, und den nördlichen Polbewohnern der 6monatliche Tag anfängt. Von diesem Au-genblicke an wird das Glas durch ein inwendig angebrachtes Stirnrad rück-wärts gedrückt, bis zum 21. des Brachmonats, an welchem Tage dieses Hohl-glas den Polarkreis gänzlich verläßt, und dadurch einen 24stündigen Tag für die Bewohner dieses Polarkreißes anzeigt, an welchem Tage sie die Sonne in beyden entgegengesezten Punkten des Meridians, und ganze vier und zwanzig Stunden über ihrem Horizont sehen; einige Tage hindurch bemerkt

G   man

man faſt keine Bewegung am Glaſe, ſo wie ſie in der Ab- und Zunahme
der Abweichung der Sonne kaum merklich iſt; ohngefähr aber nach acht
Tagen nimmt man ein ſehr kleines Segment wahr, wo dann das Hohlglas
wieder immer mehr gegen den Pol fortrücket, wie die Abweichung der Sonne abnimmt, bis nach Verlauf dreyer Monate (um den 22. oder 23. Sept.)
der Rand des Glaſes abermals den Pol berührt, über den Pol ſich ferner
fortbeweget, und den 21. des Chriſtmonats den ganzen Polarkreiß bedeckt,
folglich eine vom 21. Junius ganz entgegengeſezte Erſcheinung hervorbringt;
auf ſolche Art braucht das Hohlglas abermals einen Zeitraum von 3 Monaten, bis es ſich vom obern Theil des Polarkreißes herabbewegt, und alsdann wieder den Pol berührt; folglich eine jährliche Bewegung über und
unter dem Pol vollendet, ſo wie die größte nördliche und ſüdliche Abweichung von 23° 28' von der Sonne ebenfalls in einem Jahre vollendet wird,
d. i. von einem Wendekreiße zu dem andern.

Kleins Himmelsglobus.

Eine Himmelskugel von zehen Zollen im Durchmeſſer, auf deren Oberfläche die Sternbilder, 48 an der Zahl, angebracht ſind, iſt mit einem innern Uhrwerk verſehen, mittelſt welchem die ganze Kugel vom Oſten zum
Weſten getrieben wird, und die ſcheinbare 24ſtündige Bewegung des ge-
ſtirnten Himmels nachahmet, ſo, daß man in einem jeden Zeitaugenblicke
nicht nur jene Sterne, welche auf- und untergehen, oder im Mittagskreiße
ſtehen; ſondern auch alle Sternbilder, welche ſich entweder über oder unter
dem Horizonte befinden, in ihrer gehörigen Lage und gegenſeitigen Stel-
lung darauf ſehen kann.

Die Ebene der Ekliptik, oder die Sonnenbahn, iſt an dieſer Kugelflä-
che aus Meſſing ſo angebracht, daß ſolche durch die Federkraft des Uhrwerks

werks zwischen zwey meſſingenen Ringen in Bewegung geſezt wird, welche ſich in einem jeden Tage um die Mittagszeit um einen Grad oſtwärts verſchiebet, und den Ekliptiſchen Ort der Sonne anzeiget, welcher ihr zukömmt; in dem Pol der Ekliptik iſt der Mondszeiger angebracht, welcher ſeinen Umlauf um die Erde in einer Zeit von 27 Tagen 7½ St. zurückleget, und den ganzen Thierkreiß umläuft; damit aber auch die Lichtgeſtalten des Mondes während der Zeit ſeines Umlaufes um die Erde angezeigt würden, hat man an der Oberfläche der Himmelskugel kleine runde Zäpfchen angemacht, an welchen ein Rad von 8 Zähnen zwey andere kleine Räder bewegt, welche verurſachen, daß der Mond die am Himmel ſich ereignenden Lichtsabwechſelungen nachahmet. Das Uhrwerk gehet über 48 Stunden beſtändig fort, ohne daß man nöthig hat, ſolches jeden Tag aufzuziehen.

Kleins Eklipſenuhr.

Das fünfte Uhrwerk, welches Klein verfertigte, und hier als ein Schauſtück angeführt wird, iſt hauptſächlich zum Gebrauch bey Sonn- und Mondfinſterniſſen, dann zur Zeichnung der Sonnenuhren an der Mauer gemacht. Das Werk ſelbſt, damit man alle Theile anſehen kann, iſt in einem gläſernen Zylinder zwiſchen zwey Platten eingefaßt; an der untern Platte iſt ein eingetheilter Halbzirkel, mittelſt welchem man die Abweichung des zu beobachtenden Himmelskörpers, oder auch auf was immer für eine Polhöhe ſtellen kann. An der obern oder Hauptplatte hat es drey runde Ausſchnitte. In dem größern ſind die Stunden und Minuten aufgezeichnet, welche durch zwey Zeiger, wie gewöhnlich, angezeigt werden. Gleich daneben iſt der kleinere, der in 60 Theile eingetheilt, und mit einem Zeiger verſehen iſt, um jede Sekunde im Gange zu bezeichnen. Der dritte endlich iſt eben auch in 60 Theile getheilt, und führt einen Zeiger, der dazu dient,

dem

dem Uhrwerke einen schnellern und langsamern Gang geben zu können. In der Mitte der Platte ist eine stählerne Are, welche mit dem ganzen Uhrwerke im Zusammenhange ist, und an welcher ein meßingenes Segment, in die zwölf Theile des Thierkreißes eingetheilt, erscheint, welches sammt den beweglichen Dioptern auf derselben so angebracht ist, daß man, wie bey den Introduktions-Maschinen, die Dioptern auf den Ekliptischen Ort der Sonne oder des Mondes ansezen, und über diese ekliptische Fläche ein Fernrohr anbringen kann, mittelst welchem, nebst Beyhülfe der Zeitzeiger, die zu- oder abnehmende Sonnen- oder Mondfinsterniß an dem Brennpunkte des Fernrohrs beobachtet und entworfen werden können. Eben diese Maschine dienet auch, die Sonnenstunden an einer Mauer zu verzeichnen, so viel auch immer die Mauerebene von dem Mittagskreiße des Orts abweichen mag.

Klein hatte noch mehrere Uhren und Uhrenkunstwerke verfertiget, als: eine Penduluhr, welche das ganze Jahr hindurch fortgehet; eine andere, welche drey Monate fortgehen sollte; endlich wieder eine, die mit einem Carillon versehen ist, und alle Stunden das Glockenspiel mannigfaltig hören läßt; diese leztere hat man bey der, leider! erfolgten Zertheilung des mathematischen Muséums in ein Lesezimmer der Bibliothek abgegeben. Auch kamen bey dieser Gelegenheit ein Paar Pflügerische große Globen dahin, die hier kurz beschrieben zu werden verdienen. Die Himmelssphäre, welche 6 Schuhe im Durchmesser hat, und auf deren Oberfläche die einzeln auf Blech gemahlten Sternbilder angemacht sind, ahmet die scheinbare 24-stündige Bewegung nach, so wie diese bey der Kleinischen gezeiget worden. Das Triebwerk ist ganz einfach, und der Gang, wenn solches richtig und

behut-

behutsam aufgezogen wird, ziemlich genau; die Erdkugel, im Durchmesser der Himmelssphäre gleich, ist gegypst und abgeschliffen; die Länder, Gränzen und Oerter zwar darauf entworfen, aber von des Künstlers (P. Pflüger) lezter Hand nicht vollendet worden, welcher alle Oerter des Erdbodens eingraben, und mit eigener Hand jedes Land mit der ihm zugehörigen Farbe unterscheiden wollte.

Bey diesen Kunstwerken blieb Kleins und Pflügers Erfindungs- und Nachahmungsgeist nicht stehen; beyde haben noch an mehrere mechanische Kunststücke Hand angelegt, deren ich zum Theil in den Abbildungen Böhmischer und Mährischer Gelehrten von Herrn Pelzel Meldung gethan. Eines muß ich dennoch hier anführen, welches ferner unter die sehenswürdigen Stücke gehört. Es ist der Quadrant (erfunden vom P. Bonsu,) welchen Klein ebenfalls ganz verfertigte, und den man als einen Anhang zu Tycho's Sextanten darzeigt; er hat 3 Schuh 3 Zoll im Halbmesser, jeder Grad ist in sieben Theile eingetheilt, und der Rand enthält zwölf concentrische Kreise; wollte man nun die Höhe eines Sterns ausmessen, so wird die mit einer einzigen Mutterschraube bewegliche Regel nach dem Sterne gerichtet, und der Minuten- und Sekundenzeiger werden die gehörigen Zahl- Grade ausweisen. Es ist bekannt, daß Kaiser Rudolph der II. alle astronomischen Geräthschaften nach Tycho's Tode von seiner Wittwe um 20000 Thaler an sich brachte; von allen diesen astronomischen Instrumenten aber ist in Prag gar nichts vorhanden, als der von Erasmus Habermel zu Prag im Jahre 1600 (folglich ein Jahr vor dem Tode Tycho's) verfertigte Sextant; ein Instrument, welches Tycho erfand, und unter seinen Abbildungen ebenfalls erscheint. Unser Sextant, welcher mit den von Tycho in seiner Astronomia mechanica beschriebenen Organen zwar die Aehnlichkeit hat, aber an der Pracht der Ausarbeitung solche übertrifft, welches niemand

H   mand

mand läugnen wird, der das hier vorhandene mit jenen in oberwähntem
Buche des Tycho, und in Bleaus größtem Atlas entworfenen Instrumenten vergleichen will, und ihre Beschreibung gelesen hat. Dieser Haberme-
lische Sextant hat vier Parifer Schuhe im Halbmeffer; die um den Zentral-
zapfen angebrachte, und zugleich um denselben mittelst einer Schraube bewegliche Collimationsregel gehet der Länge des Sextanten bis auf den an-
derthalben Zoll breiten Rand hinaus, an deffen Ende eine vergoldete
Diopter, und längst diefer in der Breite des Randes der Nonnius, welcher
einzelne Minuten bey der Sternmeffung zeiget, angebracht ist. Der Rand
enthält zwölf concentrifche Kreife, und jeder Grad des Sextanten ist mit einer Transverfallinie verfehen, an welcher durch die Collimationsregel der
gehörige Theil der Höhe oder der Weite eines Sterns von einander bestimmt werden kann. Daß diefer Sextant eben derfelbe fey, von welchem
Tycho in feinen, hier im Haufe des Kurtius, als feinem lezten astronomi-
fchen Standort, gemachten Beobachtungen auf das Jahr 1601 redet, fcheint
mir außer Zweifel zu fepn; man fehe nur die Historiam cœleftem auf daf-
felbe Jahr 1601 nach, um fich davon zu überzeugen. Auch ist ein anderer
Sextant noch hier vorhanden, welcher aber dem vorhergehenden fowohl an
Niedlichkeit, als im übrigen nachgefezt werden muß; einige kleinere von Habermel verfertigte Instrumente, als eine Univerfal-Sonnenuhr, eine Stern-
uhr, ein Stockzirkel mit Dioptern, der zugleich einen Proportionalzirkel,
astronomifche Sonnenmonate, den Mondenlauf, u. f. w. in fich faßt, laffen
fich beffer fehen, als entwerfen und befchreiben. Eines muß ich hier doch erwähnen, welches mir fehr wichtig zu fepn fcheint, daß man nämlich an vier
folchen Habermelfchen Instrumenten die Abweichung der Magnetnadel für
Prag zu Ende des fechszehnten, und zu Anfange des fiebenzehnten Jahrhunderts aufgezeichnet findet, z. B. an der Sonnenuhr ist fie 10° gegen
Often,

Often, an der Nivellirwage 7°, an dem Stockzirkel aber und an einem an:
dern Bruchſtücke iſt ſie faſt nur 5° gegen Oſten vorgemerkt, da ſolche jetzo
bey uns 18° 45′ gegen Weſten abweichet; folglich in einer Reihe faſt von
zwey Jahrhunderten der Unterſchied in der Abweichung von 28° heraus:
gebracht wird, welches in der That ſehr merkwürdig iſt.

Parabolifche Spiegel.

Dieſe zwey merkwürdigen Spiegel ſind von dem Jeſuiten Pflüger
in dem ehemaligen Collegio Clementino verfertiget worden. Sie ſind
aus Kupfer gemacht, und im Feuer vergoldet; der Durchmeſſer des größern
iſt von 2 Schuhen und 5 Zoll Prager Maaßes; der Durchmeſſer des klei:
nern, oder desjenigen, welcher die zurückprallenden Strahlen ſammlet, iſt
von 2 Schuhen 3½ Zoll. Die Brennweite von den Spiegeln fällt auf 9
Zolle; die Entfernung aber der Spiegel oder der Brennpunkte von einan:
der iſt von 28 Schuhen 6 Zollen. Mit dieſen Spiegeln werden folgende
Verſuche gemacht: 1) in der Weite von 28 Schuhen brennbare Sachen an:
gezündet; gemeiniglich aber pflegt man in die Collectiv:Spiegel ein wenig
Zunder mit Schießpulver vermiſcht zu legen, um die Entzündung auffallen:
der zu machen. 2) Beweißt man, (welchen Verſuch mein Vorfahrer und
Lehrer Stepling zuerſt machte, und dem berühmten Abbe' Nollet mit:
theilte) daß die Wärme ohne Licht die nämlichen Reflexions:Geſetze befol:
ge, wie die Wärme mit dem Lichte verbunden; zu dieſem Verſuch nimmt
man eine eiſerne Kugel von ohngefähr 12 Pfund, die man gut durchwärmen
läßt, ohne ſie jedoch glühend zu machen; in den Brennpunkt des Collek:
tivſpiegels wird ein empfindliches Queckſilber:Thermometer geſezt, und der
Verſuch gelingt.

Der

56

Der Grund dieser Versuche rührt von der Eigenschaft der paraboli-
schen Spiegel her, daß diese nämlich alle parallel auffallende Strahlen in
einen Punkt reflektiren, und daselbst auch am wirksamsten seyn müssen; werden nun zween solche Spiegel, wie die unsrigen sind, in einer parallelen
Lage gegen einander gesetzt, und wird in den Brennpunkt des einen Spie-
gels eine glühende Kohle, und in den Brennpunkt des andern Zunder oder
Schießpulver gelegt, und mit dem angebrachten Blasbalge diese Kohle an-
geblasen, so muß der zündbare Stoff in dem Brennpunkte des andern Feuer
fangen, und die erwünschte Wirkung hervorbringen.

Es ist daher klar, daß wenn man vermittelst der Spiegel überhaupt
einen entfernten Gegenstand entzünden will, die Spiegel von einer ansehn-
lichen Größe seyn müssen; darum haben auch einige Naturkundige die Sa-
ge von Archimedes, daß er die Römische Flotte bey Syrakus angezündet
hätte, bezweifeln wollen, als wenn es unmöglich gewesen wäre, einen so
großen Spiegel herzustellen, dessen Brennweite wenigstens auf 60 Schuh
Entfernung die gewünschte Wirkung hervorbringen sollte. Herr Büffon,
und nach ihm andere, haben das Gegentheil gezeigt, da man mehrere Plan-
spiegel so zusammensetzte, daß man vermittelst dieser in der Entfernung von
150 Schuhen das Zinn, und in der Entfernung von 140 Schuhen das Bley
schmolz, wie man es in den Actis auf das Jahr 1747 nachschlagen kann.